桜庭雅子 ＋ 貫井一夫
著

Basic
Language Learning
Series

しっかり学ぶ
スペイン語

文法と練習問題

CD BOOK

ベレ出版

はじめに

　本書は、効率よくスペイン語を学びたい方のために書かれました。小さな努力でそれ以上の成果を上げたいと思う方のための入門書です。具体的には、扱う時制を現在と過去のみに限定しました。スペイン語の基本は動詞にありますが、数多くの時制とそれにともなう膨大な量の動詞の活用（変化）は、初心者にとって大きな壁となっています。文章に微妙なニュアンスを出すには、この2種類以外の時制も必要ですが、普通に日常の事柄を述べるには、現在と過去で十分だと言えます。時制を少なくした分、慣用表現や、知っていると便利な会話のアクセサリーを多く入れました。また、よく使う動詞を厳選し、必要と思われる使い方に絞って説明してあります。本書で扱っている内容だけで、スペイン語圏への旅や長期滞在、また日本在住の、スペイン語を母語とする latinos（ラテン系の人々）との交流にも、十分対応できます。世界的にもまた日本国内でも、英語に次いで重要性の高まりつつあるスペイン語を効率よく学び、また、それぞれの目的に合わせ、効果的に役立てていただきたいと思います。始め易いけれど、奥が深いスペイン語です。本書をきっかけとして、スペイン語やスペイン語圏により一層の興味を持っていただければ幸いです。

本書の特徴と使い方

　文法用語は出来るだけ使わないようにしました。
　分かりにくい用語には説明をつけました。
　男性名詞・女性名詞は、それぞれ(m)(f)で表しました。
　☞ は参照個所を示しています。
　よく使う動詞別に学ぶという形を取っています。
　各課の例文は、課ごとに学ぶ中心的項目を覚えやすくまとめたものです。実際の場面を想定して作ってありますから、暗記して役立ててください。
　スペイン語の語順は比較的自由ですが、かえって初心者は戸惑いを覚えることが多いので、主な動詞の項に、説明してあります。

　【poco a poco】には会話の小道具として、知っていると便利で面白い表現を集めてあります。

　【一口 point メモ】は、各項目の注意点を簡単にまとめたものです。

　また【今日の単語帳】には、食べ物・衣服などの項目別に、使う率の高い単語をまとめました。

　巻末に【Glosario（語彙集）と索引】を付けました。
　　スペイン語の発音の特徴は、クリアな母音の歯切れよさです。CD を聞いて慣れてください。また、発音は頭で理解するものではなく、声に出して自分の耳で聞き、口、舌、歯を使いながら訓練するものです。必ず声に出して（お風呂の中やトイレ、もちろん自宅の！）などで練習してください。

　【練習問題】には、イラストを多く配し、楽しく進められるようになっています。

　また巻末に【リスニング】を中心とした練習問題を収録してありますから、チャレンジしてください。

　最後に、この本を書くにあたり、次の方々にお世話になりました。ご多用の中、快く校閲と CD 収録をお引き受けくださった、ヘスス・カルロス・アルバレス・クレスポ先生、巻末の Glosario（語彙集）作成にあたり、多大なご協力をいただいた、足立友香里さん、豊富な編集経験に裏打ちされた、的確で貴重なアドバイスをしてくださった編集の新谷友佳子さん、締めきりに追われて疲れた心を和ませてくれた、ベレ出版のアイドル、ミニダックスの波平君に、心からの感謝の意を表します。

　　　　　　　　　　　　　　　　　　　　　　　　　　　　　　　筆　者

目　　次

はじめに

本書の特徴と使い方

第1章　基　　礎

第 1 課　自己紹介しましょう ——————————12
第 2 課　あいさつ ——————————————14
第 3 課　アルファベット（abecedario）————————16
第 4 課　発　音 ——————————————18
第 5 課　音　節 ——————————————24
第 6 課　アクセント —————————————26
第 7 課　名　詞 ——————————————28
第 8 課　冠　詞 ——————————————32
第 9 課　形容詞 ——————————————34
第10課　主　語 ——————————————40

第2章　初　　級

第11課　be動詞に相当する動詞 1 ser（～です）————44
　　　　□ Soy de Japón.　私は日本人です。

第12課　指示代名詞・指示形容詞・所有形容詞 ──────────48
　□ ¿Qué es esto?　これは何ですか？
　□ Esto es el acueducto de Segovia.　セゴビアの水道橋です。

▶　色の表現────52
▶　10までの数を覚えましょう────54

第13課　be動詞に相当する動詞 2 estar ──────────58
　□ Yo estoy en la oficina.　私は事務所にいます。

第14課　be動詞に相当する動詞 3 haber（〜がいる・ある）──────62
　□ No hay tren para Granada.　グラナダ行きの汽車はありません。

▶　順序数────68

第15課　現在形規則動詞 ar 型 ──────────70
　□ ¿Habla usted español?　あなたはスペイン語を話しますか。

▶　曜日の表現────76

第16課　疑問詞 ──────────78
　□ ¿Cuánto es?　いくらですか？

▶　30までの数を覚えましょう────82
▶　99までの数を覚えましょう────83

第17課　現在形規則動詞 er 型 ──────────86
　□ ¿Qué bebe usted?　あなたは何を飲みますか？
　□ Pues... bebo el vino del país.　えーと、地ワインを飲みます。

▶　日付の表現────90

第18課　現在形規則動詞 ir 型 ──────────92
　□ ¿Dónde escribo mi nombre?　どこに私の名前を書きましょうか？

第19課　時刻の表現 ──────────96
　□ ¿Qué hora es ahora?　今何時ですか？

第3章 中　級

第20課　よく使う動詞 querer（欲しい） ——————102
　□ Queremos reservar mesa.　テーブルの予約をしたいのですが。
▶　「を格」（直接目的格代名詞）————108
第21課　よく使う動詞 tener（持つ） ——————110
　□ ¿Tiene usted hambre?　あなたはお腹がすいていますか？
第22課　よく使う動詞 saber（わかる・知っている）
　　　　と conocer（知っている） ——————114
　□ Conozco Madrid.　私はマドリッドに行ったことがある。
▶　「を格」3人称————116
第23課　接続詞 que と si ——————120
　□ No sé si ella me quiere.　彼女が私を好きかどうかわからない。
第24課　よく使う動詞 ir（行く） ——————124
　□ ¿A dónde vas?　どこへ行くの？
第25課　よく使う動詞 venir（来る） ——————126
　□ ¿A qué vienes a España?　スペインへ何をしに来たの？
　□ Vengo a visitar el museo de Picasso.　ピカソ美術館を見に来たんだ。
▶　「に格」（間接目的格代名詞）————130
第26課　よく使う動詞 gustar（〜が好き） ——————134
　□ ¿Te gusta el fútbol?　君、サッカー好き？
　□ Sí, me gusta mucho.　うん。大好きだよ。
▶　100からの数を覚えましょう————140
第27課　よく使う動詞 dar（与える）
　　　　と dejar（置いておく・貸す・預ける） ——————142
　□ ¿Me da usted el folleto?　案内書をくださいますか？
▶　「を格」と「に格」————144

第28課　よく使う動詞 poder（できる） —————————————— 150
　□ ¿Podemos sacar fotos?　写真を撮ってもいいですか？

第29課　よく使う動詞 jugar（遊ぶ） —————————————— 154
　□ Mi amigo juega al fútbol.　友達はサッカーをしている。

第30課　よく使う動詞 ver・mirar（見る） ————————————— 156
　□ El ve la televisión en la sala.　彼は居間でテレビを見ている。

第31課　よく使う動詞 hacer（する・作る） ————————————— 160
　□ ¿Qué hacemos hoy?　今日何をしようか？

第32課　よく使う動詞 salir（出る） —————————————— 164
　□ ¿A qué hora sale el tren para La Paz?　ラパス行きの汽車は何時に出ますか？

第33課　よく使う動詞 poner（置く） —————————————— 166
　□ ¿Ponemos la música?　音楽をかけましょうか？

第34課　よく使う動詞 pedir（求める・注文する） ——————————— 170
　□ ¿En qué puedo servirle?　何のご用でしょうか？

第35課　よく使う動詞 oír（聞こえる）と decir（言う） —————————— 174
　□ Oiga. La cuenta, por favor.　あのちょっと…お勘定お願いします。

第36課　よく使う動詞 traer（持ってくる）と llevar（持っていく）——— 178
　□ ¿Me trae la sal?　私に塩を持ってきてくれますか。

第4章　上　級

第37課　無人称表現 ———————————————————— 182
　□ ¿Cómo se va a la estación?　駅へ行くにはどう行けばいいですか？

第38課　受身表現 ————————————————————— 184
　□ ¿Dónde se venden camisetas?　どこでTシャツが売られていますか。

第39課　比較の表現 ———————————————————— 188
　□ Tengo más dinero que tú.　私は君よりお金を持っている。

第40課　完了過去（点過去）の規則動詞 ──────────── 194
　□ A las nueve salió el tren a Bilbao.　ビルバオ行きの汽車は 9 時に出た。
第41課　完了過去の不規則動詞 1 ───────────────── 198
　□ En la aduana no me pidieron el pasaporte.
　　私は税関でパスポートの提示を求められなかった。
第42課　完了過去の不規則動詞 2 ───────────────── 200
　□ Estuve en casa anoche.　昨夜私は家にいた。
第43課　完了過去の不規則動詞 3 ───────────────── 204
　□ Hizo buen tiempo ayer.　昨日はよい天気だった。
第44課　不完了過去（線過去） ────────────────── 208
　□ Antes iba a la oficina en coche.　以前私は車で会社に行っていた。
第45課　代名動詞（再帰動詞）1 [起きるタイプ] ─────────── 214
　□ ¿A qué hora se levanta usted?　あなたは何時に起きますか？
第46課　代名動詞 2 [身につけるタイプ] ─────────────── 216
　□ Me lavo la cara con jabón.　私は石鹸で顔を洗う。
第47課　代名動詞 3 [おいとまするタイプ] ────────────── 218
　□ ¿Ya te vas?　もう行くの？
第48課　代名動詞 4 [お互いにタイプ] ──────────────── 220
　□ ¿Cuándo nos vemos?　いつ会いましょうか？
第49課　関係詞 ─────────────────────────── 224
　□ La ciudad donde vivimos es grande.　私達が住んでいる町は大きい。
第50課　否定と不定の表現 ─────────────────────── 228
　□ ¿Ves algo?　何か見える？
　　¡まとめて EXAMEN FINAL！　リスニング編 ──────── 234
　　索　引 ───────────────────────────── 239
　　GLOSARIO（スペイン語単語集） ──────────────── 242
　　解答 ────────────────────────────── 248

第 1 章
基　礎

第1課　自己紹介しましょう　　CD 01

¡Hola! ①	こんにちは。
Me llamo Kaoru Miura. ②	私の名前は三浦薫です。
Soy oficinista.③	会社員です。
Trabajo en una agencia de viajes. ④	旅行会社で働いています。
Vivo en Nakano. ⑤	中野に住んでいます。
Me gusta viajar. ⑥	旅が好きです。
Me interesa el español.	スペイン語に興味があります。

①「¡Hola!」は朝・昼・夜いつでも、男女の別なく使える親しい間柄同士のあいさつです。「h」は発音しません。
　「¡～!」は感嘆文のしるしです。前後につきます。元気よくあいさつしている感じです。
②Me llamo～「～と言う名前です」
③Soy～「私は～です」身分・職業・国籍などを入れます。 CD

男性公務員	funcionario	女性公務員	funcionaria
男性教師	profesor	女性教師	profesora
日本人（男性）	japonés	日本人（女性）	japonesa
学　生	estudiante（男女とも）		
商店主	comerciante（男女とも）		
主　婦	ama de casa		

④地名、会社名などを入れます。
⑤住んでいる場所を入れます。
⑥自分が好きなもの・ことを入れます。 CD

la música 音楽　　la lectura 読書　　el cine 映画　　la cocina 料理
ver el fútbol サッカー観戦　　conducir un coche ドライブすること
la natación 水泳　　ir de compras 買い物に行くこと

¡Vamos a Practicar!

(1) 自己紹介文を作ってみましょう。

(2) 自己紹介文を作ったら、CDの例にならって誰かと会話をしているつもりで声に出してみましょう。

一口 point メモ

語学はスペイン語に限らず、読むだけ・聞くだけなど、一方通行のやり方では上達しません。できるだけ口に出して自分の声を耳で聞くことを心がけしましょう。

第2課　あいさつ　　　CD 02

【フォーマルなあいさつ】
A: ¡Buenos días! ①　　　　おはようございます。
　　¿Cómo está usted? ②　　（あなたは）いかがですか。
B: Muy bien, gracias, ¿y usted? ③
　　　　　　　　　　　　　元気でやっています。ありがとう。あなたの方は？
A: Muy bien, gracias.　　　元気です。ありがとう。

【インフォーマルなあいさつ】
A: ¡Hola!　　　　　　　　よう。
　　¿Qué tal? ④　　　　　　どうだい？
B: Muy bien, ¿y tú? ⑤　　　元気だよ。君は？
A: Muy bien.　　　　　　　元気だよ。

①朝起きてから、昼食までのあいさつです。
②あなた→目上の人・あまり親しくない話し相手に対して用います。
③「¿～?」疑問文のしるし。前後につきます。疑問文にしたい部分を囲み、その部分だけを疑問文にすることもできます。
　「y」そして
④親しい間柄の話し相手の身体の調子を尋ねる言い方です。
⑤君→親しい間柄・対等の話し相手に対して用います。

● **tú の使い方**
　夫婦・親子・兄弟・友人の間で話し相手に「tú」を使います。ここでは「君」としてありますが、奥さんがご主人に対してなら「あなた」、子供が親に対してなら「おかあさん」「パパ」、また、女性の友人同士であれば「あなた／～さん」、男性同士であれば「おまえ」とすることができます。先生が生徒に対して使うこともあります。しかし、生徒は先生に対して、「usted」を使うのが普通です。

文法と用例・覚えておきたいこと

その他の挨拶

こんにちは。	Buenas tardes.（昼食後から暗くなるまで）
こんばんは。おやすみなさい。	Buenas noches.（夜になってから）
元気？	¿Cómo estás?（親しい間柄で）
どうだい？	¿Qué hay?（親しい間柄で）
はじめまして。	Encantado.（男性が使う）
	Encantada.（女性が使う）
	Mucho gusto.（男女とも）
ようこそ。	Bienvenido.（男性に対して）
	Bienvenida.（女性に対して）
	Bienvenidos.（複数の男性、男女に対して）
	Bienvenidas.（複数の女性に対して）

＊やって来た人の性と数に合わせ変化します。

Poco a Poco 役立つ一言

ありがとう。	Gracias.
どうもありがとう。	Muchas gracias.
どういたしまして。	De nada.
ごめんなさい。	Perdón.
お願いします。	Por favor.
わかりました。	De acuerdo.
オーケー。	Vale.
はい。	Sí.
いいえ。	No.

第3課　アルファベット（abecedario）

スペイン語のアルファベットは27文字です。「ñ」が特徴。

大文字	小文字	読み方	
A	a	a	ア
B	b	be	ベ
C	c	ce	セ
D	d	de	デ
E	e	e	エ
F	f	efe	エフェ
G	g	ge	ヘ
H	h	hache	アチェ
I	i	i	イ
J	j	jota	ホタ
K	k	ka	カ
L	l	ele	エレ
M	m	eme	エメ
N	n	ene	エネ
Ñ	ñ	eñe	エニェ
O	o	o	オ
P	p	pe	ペ
Q	q	cu	ク
R	r	ere	エレ
S	s	ese	エセ
T	t	te	テ
U	u	u	ウ
V	v	uve	ウベ
W	w	uve doble	ウベドブレ
X	x	equis	エキス
Y	y	i griega	イグリエガ
Z	z	zeta	セタ

大文字	小文字	読み方	
CH	ch	che	チェ
Ll	ll	elle	エリェ・エジェ

ch/ll は2重字と言い、2字で一音を表します。

¡Vamos a Practicar !

(1) 次の単語をアルファベット読みでスペルアウトしてみましょう。

例) Madrid　　eme－a－de－ere－i－de

① Maite ＿＿＿ ＿＿＿ ＿＿＿ ＿＿＿ ＿＿＿　　② aula ＿＿＿ ＿＿＿ ＿＿＿ ＿＿＿

③ soya ＿＿＿ ＿＿＿ ＿＿＿ ＿＿＿　　④ hueco ＿＿＿ ＿＿＿ ＿＿＿ ＿＿＿ ＿＿＿

⑤ pequeño ＿＿＿ ＿＿＿ ＿＿＿ ＿＿＿ ＿＿＿ ＿＿＿ ＿＿＿

(2) 次の読み方のアルファベットを書いてみましょう。

例) efe= | f |

① ce= □　　② uve doble= □　　③ ene= □

④ i griega= □　　⑤ jota= □　　⑥ hache= □

⑦ cu= □　　⑧ zeta= □　　⑨ equis= □

⑩ ge= □

一口 point メモ

ホテルやレストラン、飛行機の予約などの際、確認のために名前などをアルファベット一字ずつでスペルアウトしていく場合があります。アルファベットを一字ずつ、きちんと発音できるように！

第4課 発音　CD 04

5個の単母音

（母　音＝歯、舌、唇などに邪魔されないで発声される音）

a　e　o（強母音）　日本語の「ア」「エ」「オ」と同じ発音で構いません。

i　u　　（弱母音）　「i」は、「イ」よりも口を横に引いて強く発音します。

　　　　　　　　　「u」は、唇を尖らし、丸くするとスペイン語らしい発音になります。

☞ イラスト

A	ave	cama	lata	pan	banco
E	mesa	pero	lento	seco	era
O	voto	norte	oro	fondo	moda
I	mili	vino	Inca	lindo	pila
U	nuca	uso	mundo	luna	tumba

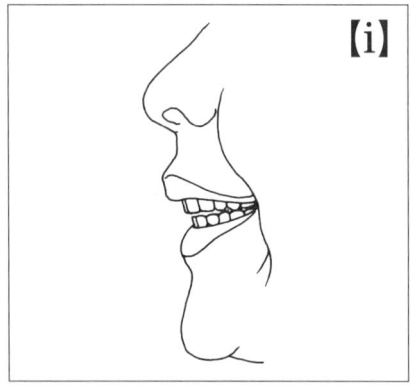
【i】

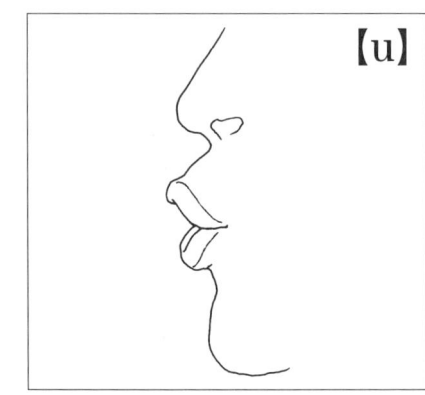
【u】

文法と用例・覚えておきたいこと

14個の2重母音

ai (ay)	ia	au	ua	ei (ey)	ie	eu	ue
oi (oy)	io	ou	uo	iu		ui (uy)	

いつも a/e/o を i/u より強めに発音します。「au」→「アゥ」、「ua」→「ゥア」
「iu/ui」→ それぞれ後ろの母音を強く発音します。「ィウ」「ゥイ」
ay / ey / oy は語末に用います。hay / buey / doy

ai	**ai**re	fa**i**sán	Ma**i**te	ga**i**ta
ia	p**ia**no	d**ia**blo	lid**ia**	tib**ia**
au	**au**la	p**au**sa		
ua	ag**ua**	c**ua**dro		
ei	s**ei**s	T**ei**de	m**ei**ga	
ie	s**ie**te	p**ie**	t**ie**nda	f**ie**sta
eu	**eu**ro	d**eu**da	E**u**genio	
ue	n**ue**ve	c**ue**nto	c**ue**va	
oi	b**oi**na	**oi**go		
io	camb**io**	v**io**leta	limp**io**	
ou	M**ou**ra	b**ou**		
uo	antig**uo**	c**uo**ta		
iu	c**iu**dad	v**iu**da		
ui	c**ui**dado	f**ui**		

CD

文法と用例・覚えておきたいこと

4個の3重母音

一個の母音と考えます。

iai   iei   uai（uay）   uei（uey）

3つの母音を一気に発音します。真ん中の母音を強めに。

「iai」→「ィアィ」と言う感じです。

uay / uey は語末に用います。Uruguay / buey

iai	estudiáis
iei	estudiéis
uai	continuáis
uei	continuéis

単母音と子音の組み合わせ

（子音＝歯、舌、唇などに妨げられながら発声される音）

b	ba:banda	be:beso	bi:biombo	bo:boca	bu:bus
c	ca:cama			co:copa	cu:cuna
		ce[θe/se]:cero	ci[θi/si]:cine		
d	da:dama	de:dedo	di:dicho	do:dos	du:dulce
				（語末のdは無音、あるいは[θ]の発音になります。）	
f	fa:fama	fe:feo	fi:ficha	fo:foto(fotografía)	fu:fútbol
				（下唇に上の前歯がさわるように。）	
g	ga:gato			go:goma	gu:gusto
		gue[ge]:guerra	gui[gi]:guía		
		ge[xe]:gesto	gi[xi]:giro	（日本語のヘ／ヒで発音して構いません。）	
[g/x]	gua[gwa]:guantes	güe[gwe]:bilingüe	güi[gwi]:lingüista	guo[gwo]:antiguo	
h	ha:hacha	he:hembra	hi:hija	ho:hombre	hu:humo
					(hは無音です。)
j[x]	ja:jarra	je:jefe	ji:mejilla	jo:joven	ju:jugo
				（日本語のハ行で発音して構いません。je=ge, ji=gi）	
k	ka:kaki	ke:ketchup	ki:kilo	ko:kola	ku:kurdo
				（外来語に用います。発音はカ行です。）	

文法と用例・覚えておきたいこと

l	la:labio	le:lente	li:libro	lo:loro	lu:luz
			（舌の先を上の前歯の根元に付けて） ☞ P.22（語末のzは[θ]）		
m	ma:manta	me:meta	mi:mil	mo:monte	mu:mundo
n	na:nada	ne:negro	ni:niño	no:nota	nu:número
ñ[ɲ]	ña:mañana	ñe:muñeco	ñi:ñique	ño:señor	ñu:pañuelo
			（ニャ／ニェ／ニィ／ニョ／ニュのように発音します。）		
p	pa:pan	pe:pez	pi:pipa	po:pozo	pu:pulpo
q		que[ke]:queja	qui[ki]:química		
				（ケ／キと発音します。）	
r	ra:cura	re:arena	ri:iris	ro:oro	ru:peruano
			（語中のrは、日本語のラ行で発音します。）		
	ra:radio	re:recto	ri:río	ro:rojo	ru:rubio
	rra:perra	rre:torre	rri:torrija	rro:arroz	rru:arruga
			（語頭のrと語中のrrは巻き舌で発音します。） ☞ P.23		
s	sa:saco	se:seda	si:silla	so:solo	su:sur
				（語末のrは軽い巻き舌です。）	
t	ta:taza	te:tela	ti:tibio	to:tonto	tu:túnel
v	va:vaca	ve:venta	vi:vida	vo:voz	vu:vulgo
				（bと同じ発音です。）	
w	wa:wáter	we:western	wi:whisky		
			（外来語に用います。スペイン語本来の音はありません。）		
x[ks/s]	xa:examen	xe:boxeo	xi:éxito	xo:exótico	xu:exuberancia
y[j/i]	ya:soya	ye:yen	yi:yip	yo:yogur	yu:yugo
			（ジャ／ジェ…と発音しても、イャ／イェ…のように発音しても構いません。）		
z[θ/s]	za:zanahoria	ze:zelanda	zi:zigzag	zo:zorro	zu:zumo
			（ze/ziと綴るスペイン語の単語はまれです。ce/ciと綴ります。）		
ll[ʎ/j]	lla:llave	lle:lleno	lli:allí	llo:sello	llu:llueve
			（ジャ／ジェ…と発音しても、リャ／リェ…のように発音しても構いません。）		
ch[tʃ]	cha:concha	che:cheque	chi:chile	cho:chófer	chu:churro

文法と用例・覚えておきたいこと

12個の2重子音

次の2個の子音が組み合わされた時、これをひとつの子音と考え発音します。

bl	blanco	blusa	br	brazo	bronce
cl	claro	clima	cr	crudo	crema
fl	flecha	flor	fr	fruta	frente
gl	gloria	globo	gr	grande	gracia
pl	plan	plata	pr	prueba	pronto
dr	droga	padre	tr	tren	traje

＊2個の子音の間、例えば、bとlの間に、母音を挟んで、blancoがbulancoとならないように。
　　　　　　　　　　　　　　　　　　　　　　　　　○　　　　×

□LとR

日本語には [l] と [r] の区別がありませんが、スペイン語では「pero（しかし）」と「pelo（髪の毛）」ではまったく意味が違います。巻き舌でない [r] は、日本語の「ラリルレロ」で構いませんが、[l] も日本語の「ラリルレロ」になりがちです。

[l] は歯の裏側の付け根の部分に舌をあて、歯の裏をこするようにしながら、「la/le/li/lo/lu」と言う感じです。舌が口の中で帆のようになるとうまく発音できます。ちがう音だということを意識して練習しましょう。

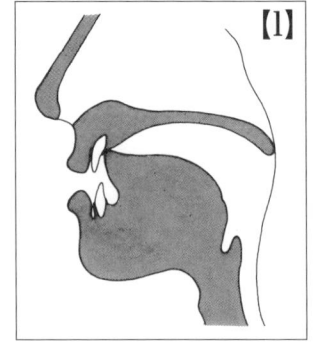

文法と用例・覚えておきたいこと

□巻き舌のイメージ

まず、ティッシュペーパーを細長く切り、一方を持ち、紙の下の部分に強く息をふきかけます。紙がふるえるのがわかると思います。これが口の中の舌の動きです。舌には力が入っていず、息の力でふるわせるのです。このイメージを持って練習しましょう。その時、息をお腹から吐き出すようにするとうまくいきます。

―― 今日の単語帳 [別れる時のあいさつ] ――

さようなら。	Adiós.
またあとで。	Hasta luego.
また明日。	Hasta mañana.
じゃあね。	Chao.（南米）

第5課　音　節

● **音節の数え方**
日本語　仮名1文字（か・ぬ・へ等）が1音節
スペイン語　「母音をひとつ含む音の単位」が1音節

単母音、2重母音、3重母音、母音＋子音（ba/be/bi…等）も1音節
té（お茶）　　　　　　　　　　　　　　　　　1音節（単音節）の単語
o/to/rri/no/la/rin/go/lo/gí/a（耳鼻咽喉科）　10音節の単語

正しく発音するには、音節の切れ目がどこにあるかを知ることが大切です。間違った場所で単語を切って発音すると、意味が通じません。最初に正確に覚えましょう。

● **音節分けの規則**
1. 母音と母音の間に子音がひとつある時、その子音は後の母音に付きます。
　（chは2重字なので、ひとつの子音扱い）
　casa→ca-sa　　mucho→mu-cho　　amigo→a-mi-go

2. 母音と母音の間に子音が2つある時、前と後ろの母音にひとつずつ付きます。
　tonto→ton-to　　gusto→gus-to　　cansado→can-sa-do

3. 母音と母音の間に子音が3つある時、前の2つが前の、最後のひとつが後ろの母音に付きます。（trは2重子音　uiは2重母音）
　abstracto→abs-trac-to　　construir→cons-truir

● rr/ll/chと2重子音はひとつの子音と扱います。

● 2重母音の中の、i/uにアクセント記号が付くと、2重母音ではなくなります。
　día→dí-a　　púa→pú-a　　huí→hu-í　　2音節の語

¡Vamos a Practicar!

CD 05

(1) CD を聞いて単語を書き取りましょう。

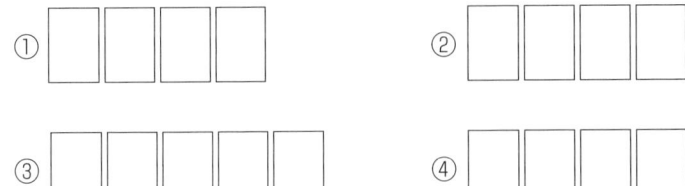

① ☐☐☐ ② ☐☐☐☐☐☐

③ ☐☐☐☐ ④ ☐☐☐☐☐☐

⑤ ☐☐☐ ⑥ ☐☐☐☐

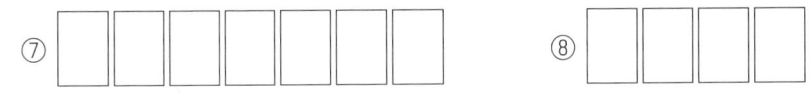

⑦ ☐☐☐☐☐ ⑧ ☐☐☐

⑨ ☐☐☐ ⑩ ☐☐☐☐

(2) 次の単語を例に従って音節に分けましょう。

amigo→a/mi/go

① c a m p o   ② a r r o z

③ c a n s a d o   ④ g e n e r a l

⑤ t í o   ⑥ r e s t a u r a n t e

⑦ u n i v e r s i d a d   ⑧ c a n c i ó n

⑨ d i f í c i l   ⑩ v i d a

25

第6課　アクセント

● 単語の中で強く発音する部分です。必ず母音にあります。
アクセントの規則は、発音通りに書くため、また正確に読むためのものです。

1. 母音（a/e/i/o/u）と n/s で終わる語は、最後から2番目の音節にアクセントがあります。
    encantado→en-can-ta-do　　（ta にアクセントがあります。）
    examen→e-xa-men　　　　（xa にアクセントがあります。）

2. n/s 以外の子音で終わる語は、最後の音節にアクセントがあります。
    hotel→ho-tel　　　（tel にアクセントがあります。）
    usted→us-ted　　　（ted にアクセントがあります。）

3. 上記の規則に当てはまらない語は、その語のアクセントがある音節にアクセント記号をつけます。
    Japón→Ja-pón　　（n で終わっていますが、-pon にアクセントがあります。）
    　　＊1の規則にあてはまらないので、アクセントのある音節 -pon にアクセント記号が必要です。

4. 同じ綴りで意味の違う語は、アクセント記号をつけて区別します。
    él＝　　彼　　　el＝男性単数の定冠詞
    qué＝"何"という疑問詞　　que＝関係代名詞・接続詞

一口 point メモ

アクセントの位置を間違えると全く通じないことがあります。
例：日本ではスペイン人芸術家を、ミロ、ダリ、ガウディと、一音節目にアクセントをつけて呼びますが、実際は Miró、Dalí、Gaudí と書き、後にアクセントを付けて発音します。

¡Vamos a Practicar !

CD 06

(1) CDを聞いて、一番強く発音されている音節に下線を引きましょう。

① encantado　② examen　③ hotel　④ Japón

⑤ avión　⑥ usted　⑦ restaurante　⑧ cansado

⑨ Perú　⑩ café

(2) CDを聞いて単語を書きとり、必要ならアクセント記号をつけて正しいスペルにしましょう。

① _____　② _____

③ _____　④ _____

⑤ _____　⑥ _____

⑦ _____　⑧ _____

⑨ _____　⑩ _____

(3) 次の単語を"／"で音節に分けましょう。そして、正しく発音しましょう。

① estudiante　② guerra

③ cliente　④ cuidado

⑤ carne　⑥ nosotros

⑦ aire　⑧ verdad

⑨ funcionario　⑩ lectura

第7課 名　　詞

● 男性・女性どちらかの文法上の性を持ちます。
● 性の見分け方
　1）生物　自然の性と文法上の性が一致します。
　　【男性名詞】
　　　padre（父）　niño（男の子）　amigo（男の友達）　profesor（男の先生）
　　　hombre（男性）　actor（男優）　toro（雄牛）　gallo（雄鶏）

　　【女性名詞】
　　　madre（母）　niña（女の子）　amiga（女の友達）　profesora（女の先生）
　　　mujer（女性）　actriz（女優）　vaca（雌牛）　gallina（雌鶏）

　2）無生物　語尾で見分けられるものもありますが、例外もあります。
　① oで終わる語（ほとんどが男性形）
　　　libro（本）　banco（銀行）　dinero（お金）　zapato（靴）　puerto（港）
　　　※例外：mano（手：女性名詞）
　　　省略形　oで終わっても女性形
　　　foto（写真）← fotografía　moto（オートバイ）← motocicleta
　　　radio（ラジオ）← radiodifusión

　② aで終わる語（ほとんど女性）
　　　fruta（果物）　puerta（ドア）　casa（家）　planta（植物）　silla（椅子）
　　　※例外：día（日）　mapa（地図）　planeta（惑星）など

　③ maで終わる語（男性形が多い）
　　　drama（ドラマ）　clima（気候）　idioma（言語）　problema（問題）
　　　poema（詩）など

　④ d/iónで終わる語（女性形が多い）
　　　amistad（友情）　universidad（大学）　ciudad（町）　nación（国家）
　　　conversación（会話）　televisión（テレビ）など

文法と用例・覚えておきたいこと

3) 男女同形

   pianista（ピアニスト）　estudiante（学生）　oficinista（会社員）など
   冠詞をつけるなどで区別　el oficinista／la oficinista

4) 性により意味が異なる名詞

   男性形：el frente（正面）　el policía（警察官）　el orden（秩序）
   女性形：la frente（額）　la policía（警察）　la orden（命令）

名詞の複数形の作り方

① 母音で終わる語＋s

   ventana（窓）→ ventanas　gato（猫）→ gatos
   coche（車）→ coches

② 子音で終わる語＋es

   hotel（ホテル）→ hoteles　ciudad（町）→ ciudades

③ z で終わる語 z を c に変え＋es

   pez（魚）→ peces　lápiz（鉛筆）→ lápices

④ 単複同形　アクセントのない母音＋sで終わる語

   lunes（月曜日）　martes（火曜日）　paraguas（傘）

   ＊単数形と複数形のアクセントの位置は同じです。例外はごくわずか。
   アクセントの位置を変えないよう、アクセント記号をつけたり、取ったりします。
   joven（若者）→ jóvenes
   café（コーヒー）→ cafés（飲み物も数えられます。）
   autobús（バス）→ autobuses

¡Vamos a Practicar !

(1) 次の名詞は男性形？　女性形？　それとも男女同形？

男性形＝ m
女性形＝ f
男女同形＝ m/f
を（　）の中に入れましょう。

① mapa → (　　)　　② mano → (　　)　　③ libro → (　　)

④ puerto → (　　)　　⑤ estudiante → (　　)

(2) 次の名詞を反対の性にしてみましょう。

① profesor →＿＿＿＿＿＿　　② amiga →＿＿＿＿＿＿

③ gato →＿＿＿＿＿＿　　④ tío →＿＿＿＿＿＿

⑤ novio（恋人）→＿＿＿＿＿＿

(3) 次の単語の複数形を作りましょう。

① chico →＿＿＿＿＿＿　　② postal（絵葉書）→＿＿＿＿＿＿

③ estudiante →＿＿＿＿＿＿　　④ mujer →＿＿＿＿＿＿

⑤ lápiz →＿＿＿＿＿＿　　⑥ almacén（倉庫）→＿＿＿＿＿＿

⑦ pez →＿＿＿＿＿＿　　⑧ tren →＿＿＿＿＿＿

¡Vamos a Practicar !

【単語テスト】
スペイン語は日本語、日本語はスペイン語にしましょう。

① estudiante

② gato

③ actriz

④ mano

⑤ idioma

⑥ 鉛筆

⑦ 椅子

⑧ 靴

⑨ お金

⑩ 大学

第8課　冠　　詞

ポイント

冠詞には定冠詞・不定冠詞があります。
名詞の前に置き、名詞の性と数にあわせて変化します。

	定冠詞	不定冠詞	名詞（子供）
男性・単数	el	un	chico
女性・単数	la	una	chica
男性・複数	los	unos	chicos
女性・複数	las	unas	chicas

定冠詞

①その／例の「話し手と聞き手が了解済みのもの」

　la chica→その女の子・例の女の子

②〜というものは「なにかを総称して述べる」

　El hombre es mortal.　人というものは死ぬものだ。

不定冠詞

①ある〜「話し手は知っていても聞き手が知らないもの」

　Un día→ある日

②ひとつの／いくつかの

　un coche/unos coches→一台の車／数台の車

無冠詞

①名詞が単に国籍・職業や種別を表す時

　　Yo soy japonés.　　私は日本人だ。

　　Él es médico.　　彼は医者だ。

　　Tomo café.　　私はコーヒーを飲みます。

　　　　　　　　＊主語となる名詞には、冠詞を付けるのが普通です。

¡Vamos a Practicar !

(1) ( ) 内の意味になるよう、それぞれの名詞に適切な定冠詞または不定冠詞をつけ、発音しましょう。

① _____ casa
　　（その家）

② _____ estación
　　（とある駅）

③ _____ joven
　　（一人の若者）

④ _____ día
　　（ある日）

⑤ _____ coche
　　（例の車）

⑥ _____ libro
　　（その本）

⑦ _____ madre
　　（ある一人の母親）

⑧ _____ padre
　　（その父親）

⑨ _____ niño
　　（その男の子）

⑩ _____ pluma
　　（一本のペン）

(2) 次の名詞の性に合わせて正しい定冠詞を付け、語末に s または es をつけて複数形にしましょう。

① (　　) mujer _____

② (　　) estudiante _____
　　（女子学生）

③ (　　) policía _____
　　（男性の警官）

④ (　　) ventana _____

⑤ (　　) silla _____

⑥ (　　) actor _____

⑦ (　　) universidad _____

⑧ (　　) mano _____

⑨ (　　) problema _____

⑩ (　　) foto _____

第9課　形　容　詞　　CD 09

❖ ポイント

修飾する名詞の性と数に合わせて変化します。

品質や形状をあらわす形容詞は名詞の後に、数や所有を表す形容詞は名詞の前に置きます。

> **❏Puerto RicoとCosta Rica**
> Costa Rica は中米の国、Puerto Rico はアメリカ合衆国領でカリブ海の島です。costa は「海岸」（女性名詞）、puerto は「港」（男性名詞）を意味し、rico/rica は形容詞、「豊かな」です。rico という形容詞が、名詞の性によって変化し、また名詞の後に置かれているのがわかると思います。

❖ 形容詞の性数変化の規則

	性の変化	単数→複数
語尾がoで終わる bueno（よい）	女性形o→a bueno→buena	語尾にsをつける bueno→buenos buena→buenas
語尾がo以外の母音で終わる grande（大きい）	女性形なし	語尾にsをつける grande→grandes
語尾が子音で終わる final（最後の）	女性形なし	語尾にesをつける final→finales

> **―口 point メモ**
> 形容詞は修飾する名詞の性と数に一致する！

文法と用例・覚えておきたいこと

冠詞・形容詞の変化とその位置のまとめ 🎧

定冠詞・不定冠詞	名詞	形容詞
el un	amigo	alto（背の高い） inteligente（聡明な） joven（若い）
la una	amiga	alta inteligente joven
los unos	amigos	altos inteligentes jóvenes
las unas	amigas	altas inteligentes jóvenes

国名の形容詞

①〜語（常に男性単数形）

　　japonés（日本語）　inglés（英語）　español（スペイン語）

②〜人・〜の（性・数の変化あり）　　　　＊子音で終わる語に女性形があります。

	性の変化	単数→複数
語尾がoで終わる peruano（ペルーの）	女性形o→a peruano→peruana	語尾にsをつける peruano→peruanos peruana→peruanas
語尾がo以外の母音で終わる árabe（アラビアの）	女性形なし	語尾にsをつける árabe→árabes
語尾が子音で終わる japonés（日本の）	女性形aをつける japonés→japonesa	語尾にesをつける japonés→japoneses japonesa→japonesas （女性形は、語尾にsをつける）

文法と用例・覚えておきたいこと

国　名	(〜の・〜人)	
Japón（日本）	japonés japoneses	japonesa japonesas
España（スペイン）	español españoles	española españolas
Alemania（ドイツ）	alemán alemanes	alemana alemanas
Inglaterra（イギリス）	inglés ingleses	inglesa inglesas
Estados Unidos (EE.UU.(略語)) (アメリカ合衆国)	estadounidense americano americanos	estadounidenses americana americanas
Perú（ペルー）	peruano peruanos	peruana peruanas
Méjico（メキシコ）	mejicano mejicanos	mejicana mejicanas
Italia（イタリア）	italiano italianos	italiana italianas
China（中国）	chino chinos	china chinas
Corea（韓国）	coreano coreanos	coreana coreanas

¡Vamos a Practicar !

(1) 次の形容詞を適切な形にし、発音しましょう。

例：los relojes（時計）(japonés) → ___japoneses___

① una casa（家）(pequeño)（小さな）→ _____

② una profesora (joven) → _____

③ el libro (antiguo)（古い）→ _____

④ la amiga (guapo)（美しい）→ _____

⑤ el señor (simpático)（感じのよい）→ _____

⑥ una alumna（学生）(inteligente) → _____

⑦ unas casas (blanco)（白い）→ _____

⑧ el avión（飛行機）(grande) → _____

⑨ unas gatas (gordo)（太っている）→ _____

⑩ una mejicana (alegre)（陽気な）→ _____

¡Vamos a Practicar !

(2) 必要事項を書き込んで次のアイデンティティーカードを完成しましょう。

Nombre（名前）＿＿＿＿＿＿＿＿＿＿＿＿＿＿＿

Apellido（姓）＿＿＿＿＿＿＿＿＿＿＿＿＿＿＿

Sexo（性別）masculino（男）/ femenino（女）

Fecha de nacimiento（生年月日）

el ＿＿＿＿＿ de ＿＿＿＿＿＿ de 19＿＿＿＿
　　（日）　　　　（月）　　　　　　（年）

Domicilio（現住所）＿＿＿＿＿＿＿＿＿＿＿＿

＿＿＿＿＿＿＿＿＿＿＿＿＿＿＿＿＿＿＿＿＿＿

Ciudad（都市）＿＿＿＿＿＿＿

País（国名）＿＿＿＿＿＿＿

Nacionalidad（国籍）＿＿＿＿＿

＊住所は番地から始めて、日本語とは逆の順番で書きます。
＊月については P.90
＊19＿＿については P.83

¡Vamos a Practicar!

(3) 次の単語を反対の性にしましょう。

① el niño guapo _____

② una gata pequeña _____

③ un hombre grande _____

④ la niña bonita (かわいい) _____

⑤ un amigo mejicano _____

(4) 空欄に適切な単語を入れて表を完成させましょう。

国　　名	～人
Italia	
	español
EE.UU.	
Perú	
	inglés
Alemania	
	japonés

第10課　主　語

CD 10

スペイン語では、主語の人称に合わせ動詞が変化（活用）します。

Yo hab<u>lo</u>.	私は	話す。
Tú hab<u>las</u>.	君は	話す。
Usted hab<u>la</u>.	あなたは	話す。
Nosotros hab<u>lamos</u>.	私達は	話す。
Vosotros hab<u>láis</u>.	君達は	話す。
Ustedes hab<u>lan</u>.	あなた達は	話す。

（動詞hablar：「話す」が活用しています）

● 人称は6通りです。

	単数	複数
1人称	yo（私） （男・女とも）	nosotros（私達） nosotras（私達　女性のみ）
2人称	tú（君）	vosotros（君達） vosotras（君達　女性のみ）
3人称	él（彼） ella（彼女） usted（あなた）	ellos（かれら） ellas（彼女達） ustedes（あなた達）

1．tú　　　　相手の性別には関係なく使えます。☞ P.14
2．usted　　相手の性別には関係なく使えます。☞ P.14
　　　　　　話し相手を指すので意味的には、2人称ですが、3人称扱いになります。
　　　　　　略形　usted→Vd./Ud.　 ustedes→Vds./Uds.
3．nosotros　全員男性か、男女が混ざっている「私達」。
4．vosotros　親しい間柄の2人以上の話し相手に対して使います。
　　　　　　（全員男性か、男女が混ざっている場合です。）
5．ellos　　　全員男性あるいは、男女が混ざっている複数の人達。
6．家、犬、山、水、愛、信頼など、他の名詞はすべて3人称扱いです。

＊南米では、vosotrosは使わず、ustedesを使います。
＊動詞の活用形を見ると、主語がわかる場合が多く、主語は省略されるのが普通です。

¡Vamos a Practicar !

(1) 次の語句の人称を考えてみましょう。

　　例：tú　y　yo（君と私2人共に男性）＝1人称複数

　　　　　　　　　　　　　　　　　　＝nosotros

　　① mis padres（両親）＝

　　　　　　　　　　　　＝

　　② mi hermano y yo（私の弟と私）＝

　　　　　　　　　　　　　　　　　＝

　　③ tú y tu amiga（君（男性）と君の女友達）＝

　　　　　　　　　　　　　　　　　　　　　＝

　　④ usted y él（あなたと彼）＝

　　　　　　　　　　　　　＝

　　⑤ los hombres（例の男性達）＝

　　　　　　　　　　　　　　　＝

　　⑥ él, ella, tú y yo ＝

　　　　　　　　　　　＝

今日の単語帳［前置詞］

de	～の／～から
a	～へ
en	～の中に
con	～と
por	～のあたりに／～によって（手段）
para	～のために（目的）

今日の単語帳［名前］

女性		男性	
Maite	マイテ	Carlos	カルロス
María	マリア	José	ホセ
Carmen	カルメン	Pablo	パブロ
Isabel	イサベル	Juan	ホァン
Juana	フアナ	Pedro	ペドロ

今日の単語帳［反意語］

alto（高い）　⟷　bajo（低い）

joven（若い）　⟷　viejo（年をとった）

antiguo（古い）　⟷　nuevo（新しい）

第 2 章
初 級

第11課　be動詞に相当する動詞 1 ser（～です）　CD 11

Soy de Japón.　　私は日本人です。

この課の基本例文

La señora Santos es pintora.	サントス夫人は画家です。
¿Eres japonesa?	君、日本人？
Sí, soy japonesa.	ええ、日本人です。
¿De dónde es Vd.?	あなたはどちらのご出身ですか？
Soy de Japón.	私は日本人です。
La revista no es interesante.	この雑誌はおもしろくない。
La fiesta es hoy.	パーティーは今日です。

動詞の活用を聞いて覚える

主語	**ser**（原形）
yo	**soy**
tú	**eres**
él/ella/usted	**es**
nosotros	s**o**mos
vosotros	s**o**is
ellos/ellas/ustedes	s**o**n

＊活用練習する時は、必ず主語をつけましょう。
＊太字の部分がアクセントの位置です。

文法と用例・覚えておきたいこと

● 「～は～である」（名詞・形容詞とともに）

I am a student.　　　Soy estudiante. ①
He is kind.　　　　　Él es amable.

El trabajo no es fácil. ②　　　この仕事は簡単ではない。

¿Quién es el señor?　　　　　その方はどなたですか？
Es el señor Santos.　　　　　サントスさんです。

¿Sois (vosotros) de Portugal? ③　君達、ポルトガル人？
No, somos de Brasil.　　　　　いいえ、ブラジル人です。

● **¿De dónde～?**　「出身地・産地を尋ねる」

¿De dónde es la chica? ④　　　その女の子はどこの出身？
Es de Yamagata.　　　　　　　山形です。

¿De dónde son los pañuelos?　このスカーフはどこ製？
Son de París.　　　　　　　　パリ製です。

● 「～が行なわれる」

La boda es el jueves.　　　結婚式は木曜日です。（木曜日に行なわれます。）
La clase es arriba.　　　　授業は上です。（上で行なわれます。）
El examen es mañana.　　　試験は明日です。（明日行なわれます。）

45

文法と用例・覚えておきたいこと

● 敬　称

el señor (Sr.)	男性の姓の前に
la señora (Sra.)	既婚女性の姓の前に
la señorita (Srta.)	未婚女性の姓の前に
los señores (Sres.)	～夫妻

＊直接本人に呼びかけるとき、冠詞（el / la / los）は不要です。

―語順とイントネーション―

肯定文	（主語）＋動詞＋補語 ↘	→例文①
否定文	動詞の前に no を入れます。	→例文②
疑問文		
疑問詞なし	¿動詞＋（主語）＋補語? ↗	→例文③
答え方	はい → Sí,...	
	いいえ → No,...	
疑問詞あり	¿（前置詞）＋疑問詞＋動詞＋（主語）＋（補語）? ↘	→例文④
	答えに Sí/No は不要です。	

＊（　）内はあったり、なかったりします。

補語
- 主格補語：主語の内容を補う語、主語とイコールの関係になる語句（名詞・形容詞など）
- 状況補語：「いつ」「どこで」「何時に」など、文の内容を補う語句

¡Vamos a Practicar !

(1) （　）内にser動詞の適切な形を入れましょう。

① Su padre（　　　　）médico.

② Margarita y su hermana（　　　　）enfermeras.（看護婦）
　　　　　　　　　　　　　　　　　　　　　　su ☞ P.50

③ Yo（　　　　）japonés.

④ Tú y Miguel（　　　　）españoles.

⑤ Tú（　　　　）piloto.（パイロット）

(2) スペイン語に訳しましょう。

① 私はメキシコ人ではありません。ブラジル人です。

訳：

② 彼は公務員です。

訳：

③ この本はおもしろいです。

訳：

④ この靴はどこ製？　イタリア製です。

訳：

第12課　指示代名詞・指示形容詞・所有形容詞　CD 12

¿Qué es esto?　　　　　　　　　これは何ですか？
Esto es el acueducto de Segovia.　セゴビアの水道橋です。

この課の基本例文

【指示代名詞】

Este es mi amigo Fernando.　　こちらは私の友人のフェルナンドです。
Esas no son corbatas italianas.
　　　　　　　　　　　　　それらは、イタリア製のネクタイではありません。
¿Qué es esto?　　　　　　　　これは何ですか？
Esto es el acueducto de Segovia.
　　　　　　　　　　　　　セゴビアの水道橋です。

【指示形容詞】

Este bolígrafo es bueno.　　　このボールペンはよい。
Aquella fruta es jugosa.　　　あの果物はみずみずしい。

【所有形容詞】

Nuestras corbatas son buenas.　僕達のネクタイは上等だ。
¿De quién es esta maleta?　　　このスーツケースは誰のですか？
Es nuestra maleta.　　　　　　私達のスーツケースです。

文法と用例・覚えておきたいこと

指示代名詞

指し示す対象	これ	それ	あれ
男性・単数の人やもの	éste	ése	aquél
女性・単数の人やもの	ésta	ésa	aquélla
男性・複数の人やもの	éstos	ésos	aquéllos
女性・複数の人やもの	éstas	ésas	aquéllas
名称がわからないもの・抽象的な事柄（中性形）	esto	eso	aquello

＊指し示す対象の性・数に合わせ変化します。
＊中性形には、性・数の変化がありません。

Esta es la señorita Pérez. 　　こちらペレスさんです。
Esos son coches alemanes. 　　それらはドイツ製の車です。
¿Qué es aquello? 　　あれは何ですか？
Aquello son（unas）alpacas. 　　アルパカです。
Esto es verdad. 　　これは真実です。

指示形容詞

	この（＋名詞）	その（＋名詞）	あの（＋名詞）
男性・単数名詞の前に付く時	este hombre	ese hombre	aquel hombre
女性・単数名詞の前に付く時	esta mujer	esa mujer	aquella mujer
男性・複数名詞の前に付く時	estos hombres	esos hombres	aquellos hombres
女性・複数名詞の前に付く時	estas mujeres	esas mujeres	aquellas mujeres

＊後ろにくる名詞の性・数に合わせ変化します。

Estos platos son típicos de Okinawa. 　　これらの料理は沖縄独特のものです。
Ese ritmo es de Cuba. 　　そのリズムはキューバのです。

文法と用例・覚えておきたいこと

● 所有形容詞

名詞の前に置きます。

後に続く名詞の性・数に合わせて変化します。

	＋男性・単数名詞	＋女性・単数名詞	＋男性・複数名詞	＋女性・複数名詞
私の	mi libro	mi pluma	mis libros	mis plumas
君の	tu libro	tu pluma	tus libros	tus plumas
私達の	nuestro libro	nuestra pluma	nuestros libros	nuestras plumas
君達の	vuestro libro	vuestra pluma	vuestros libros	vuestras plumas
彼の/彼女の/あなたの 彼等の/彼女達の/あなた達の	su libro	su pluma	sus libros	sus plumas

●「de＋él/ella/usted/固有名詞など」で所有を表すこともできます。

Esta es la maleta de ella. → Esta es su maleta.
　　これは、彼女のスーツケースです。　これは、彼女のスーツケースです。
Los zapatos de Pedro son blancos. → Sus zapatos son blancos.
　　ペドロの靴は白です。　　　　　　彼の靴は白です。

● su/sus は、前後の文脈から、「誰の」かを判断します。

Su nombre, por favor.　　（あなたの）お名前をどうぞ。（フロントなどで）
Este es Carlos.　　　　　こちらはカルロスさんです。
Su prima vive en Lima.　　彼のいとこはリマに住んでいます。

● ¿De quién ～?「誰の～？」

¿De quién es esta camiseta?　　このＴシャツは誰の？
Es mi camiseta.　　　　　　　　私のＴシャツです。

¡Vamos a Practicar!

(1) イラストを見て次の質問に答えましょう。

① ここにある　¿Qué es esto?
　　答_____

② そこにある　¿Qué es eso?
　　答_____

③ あそこにある　¿Qué es aquello?
　　答_____

(2) 指示形容詞をつけ、スペイン語にしましょう。

① これらの本 _____　② あの少女たち _____

③ その椅子 _____　④ このメス猫 _____

(3) スペイン語に訳しましょう。

① 私のいとこは女医（médica）です。

_____

② 君のスーツケース（maleta）は大きい。

_____

③ この家は誰の？　彼の家だよ。

_____

色の表現　CD 13

> **この課の基本例文**
>
> Sus ojos son de color café.　　彼の目はコーヒー色です。
> ¿De qué color son sus zapatos?　あなたの靴は何色ですか？
> Son negros.　　　　　　　　　黒です。
> ¿De qué color es la bandera española?
> 　　　　　　　　　　　　　　スペインの旗は何色ですか？
> Es roja y amarilla.　　　　　　赤と黄です。

よく使う色 CD

赤	rojo	黄色	amarillo	緑	verde
黒	negro	白	blanco	青	azul
紫	morado	灰色	gris	ピンク色	rosa

＊主な色には形容詞があり、性・数の変化をします。　☞ 形容詞の性数変化

la camisa roja（赤いシャツ）

los pimientos amarillos（黄色のピーマン）

las rosas blancas（白いバラ）

los tulipanes rosas（ピンクのチューリップ）

los ojos azules（青い瞳）

文法と用例・覚えておきたいこと

● 形容詞のない色は、「**de color**＋名詞」で表します。

    de color café   コーヒー色

    de color naranja   オレンジ色

    de color limón   レモン色

    Mis guantes son de color naranja.   私の手袋はオレンジ色です。

● 色を尋ねる時　¿**De qué color** ～ ?

    ¿De qué color es la chaqueta de su tío?

        あなたの叔父さんのジャケットは何色ですか？

    Es de color marrón.   茶色です。

● 色の度合いを表す言い方

暗い	oscuro	azul oscuro	（紺色）
明るい	claro	rosa claro	（明るいピンク）
あざやかな	vivo	rojo vivo	（あざやかな赤）

    Su vestido para la fiesta es de color azul claro.

        彼女のパーティ用のドレスは明るいブルーです。

    Mis zapatos son de color azul oscuro.

        私の靴は紺色です。

10までの数を覚えましょう　　CD 14

0	cero	5	cinco
1	uno	6	seis
2	dos	7	siete
3	tres	8	ocho
4	cuatro	9	nueve
		10	diez

※「数＋名詞」で人や物を数えます。

　3冊の本　tres libros　　　5人の友達　cinco amigos

※ 女性名詞を数える場合、uno の「o」が「a」に変わります。

　una chica / una mesa / una casa

※ 男性名詞を数える場合、uno の「o」が脱落します。

　un chico / un mes / un libro
　　　　　（一ヵ月）

※ unos chicos/unas chicas にすると、（何人かの／ある）男の子達／女の子達になります。

今日の単語帳 ［電機製品］

テレビ	televisor（m）
パソコン	ordenador（m）
システムコンポ	equipo de música（m）
テレビゲーム	videojuego（m）
CD	disco compacto（m）

¡Vamos a Practicar !

(1) 次の単語をスペイン語で書きましょう。

① 5台のテレビ ⇨ _____

② 3本のネクタイ ⇨ _____

③ 10本の白いバラ ⇨ _____

④ 2人の男性 ⇨ _____

⑤ 7人の感じのよい（simpático）学生 ⇨ _____

_____

(2) 数字とその読み方を線で結びましょう。

① 9　　　　　　　　nueve

② 6　　　　　　　　cinco

③ 5　　　　　　　　seis

④ 7　　　　　　　　cuatro

⑤ 4　　　　　　　　siete

⑥ 8　　　　　　　　diez

⑦ 3　　　　　　　　tres

⑧ 10　　　　　　　ocho

¡Vamos a Practicar !

(1) 次の質問に答えましょう。

① ¿De qué color es tu coche?（黄色）

_____

② ¿De qué color es el oso panda?

_____

③ ¿De qué color es el elefante?

_____

④ ¿De qué color es el zumo de naranja?（フレッシュオレンジジュース）

_____

⑤ ¿De qué color es la bandera japonesa?

_____

¡Vamos a Practicar !

(2) 定冠詞をつけ、単語を書いてみましょう。

① 赤いシャツ

② 太ったオス猫

③ 神経質な（nerviosa）女性

④ 映画

⑤ CD

⑥ パソコン

第13課　be動詞に相当する動詞 2　estar　CD 15

Yo estoy en la oficina.　私は事務所にいます。

この課の基本例文

Yo estoy en la oficina.	私は事務所にいます。
¿Dónde está la estación de Kanda?	神田駅はどこですか？
Está allí.	あそこです。
Yo estoy cansado.	僕は疲れている。
¿Estás preocupada?	きみ、心配しているの？
Sí, un poco.	ええ、少し。

動詞の活用を聞いて覚える

	estar（原形）
yo	est**oy**
tú	est**ás**
él/ella/usted	est**á**
nosotros	est**amos**
vosotros	est**áis**
ellos/ellas/ustedes	est**án**

文法と用例・覚えておきたいこと

◉ 特定の人やものの所在を表します。「～にある／いる」（場所を表す語句と共に）

He is at home. ⇨ Él está en casa.（彼は在宅しています）

Barcelona está en Cataluña. 　　バルセロナはカタルニアにある。

◉ **¿Dónde+estar～?**「どこにいますか・ありますか？」

¿Dónde están tus hijos ahora? 　　子供達は今どこにいるの？
Están en la playa. 　　浜辺にいます。

¿Dónde está la Plaza Mayor? 　　マジョール広場はどこにありますか？
Está cerca de la Puerta del Sol. 　　ソル広場の近くにあります。

◉ 状態を表します。「～は～の状態だ」（形容詞と副詞とともに）

She is sick. ⇨ Ella está enferma. 　　彼女は病気です。（病気の状態だ）

　　　　　　　　　　　＊形容詞は主語の性・数に合わせ変化します。　enfermo→enferma

Nosotros estamos bien. 　　私達は元気です。（元気な状態）

　　　　　　　　　　　　　　　　　　　　　　＊bien は副詞（変化しません）

Yo estoy ocupada. 　　私、忙しいの。（忙しい状態）

La ventana está abierta. 　　その窓は開いている。（開いている状態）

語順とイントネーション

肯定文・否定文	（主語）+（no）+動詞+補語 ↘
疑問文	→（動詞の前）
疑問詞なし	¿（主語）+動詞+補語？ ↗
疑問詞あり	¿（前置詞）+疑問詞+動詞+（主語）+（補語）？ ↘

　　　　　　　　　　　　＊状況補語は、文頭に置くこともできます。

文法と用例・覚えておきたいこと

◎ 場所を表す表現 🎧

aquí	ここ	La entrada es aquí.	入り口はここです。
ahí	そこ	Ahí están José y Carmen.	そこにホセとカルメンがいる。
allí	あそこ	La comisaría no está allí.	警察はあそこではありません。

◎ 程度の表現 🎧

とても	動詞＋ mucho / muy ＋形容詞・副詞
少し～だ	
少ししか～でない	動詞＋ [un poco / poco / bastante / demasiado] ＋形容詞・副詞
かなり	
あまりにも	

◎ ser と estar の比較　ser と estar は混乱し易いので要注意！

	ser	estar
一緒に使う品詞	名詞・形容詞・副詞（句）	形容詞・副詞（句）
名詞	「A=B」 Yo soy estudiante. 私は学生だ。	
副詞 bien/mal		状態を表す Yo estoy bien.　El está mal. 私は元気だ。彼は調子が悪い。
場所を表す副詞（句）	行われる La clase es arriba. ① 授業は上で行われます。	特定の人やものの所在を表す Nosotros estamos en la sala. ② 私達はホールにいます。
形容詞	本来備わっている性質を表す El hombre es mortal. 人は死ぬものだ。 Mi jefe es nervioso. 私の上司は神経質（な人）だ。	状態を表す El hombre está muerto. その人は死んでいる。（状態） Mi jefe está nervioso. 私の上司はイライラしている。（状態）

　　　　　　　＊副詞：動詞・形容詞・副詞などを修飾 → ①
　　　　　　　＊副詞句：2語以上で出来ていて、副詞の働きをするもの → ②

¡Vamos a Practicar !

(1) 次の（　）にestar を入れましょう。

① Vosotros（　　　　）ocupados.

② Ellos（　　　　）en la estación.

③ Japón（　　　　）en el este（東）del mundo（世界）.

④ Yo（　　　　）cansada（疲れている）.

⑤ Los niños（　　　　）en el colegio（学校）.

(2) 次の（　）に ser, estar のいずれかを入れて訳しましょう。

① Mi padre（　　）cansado.

訳：_____

② El hijo（息子）de Carlos（　　）inteligente.

訳：_____

③ Tu hijo（　　）en el parque.（公園）

訳：_____

④ Ella（　　）profesora.

訳：_____

⑤ Nosotros（　　　　）en casa.

訳：_____

第14課　be動詞に相当する動詞 3 haber (〜がいる・ある)　CD 16

No hay tren para Granada.　　グラナダ行きの汽車はありません。

この課の基本例文

En la habitación hay cuarto de baño.　部屋には浴室があります。

No hay tren para Granada.　　グラナダ行きの汽車はありません。

¿Hay mucho tiempo?　　　　時間はたくさんありますか。
Sí, bastante.　　　　　　　はい、かなり。

¿Qué hay delante del castillo?　お城の前に何がありますか。
Hay una iglesia.　　　　　　教会があります。

文法と用例・覚えておきたいこと

● 不特定の人やものの存在を表します。「〜がいる／〜がある」

There is a book on the table. ⇨ Hay un libro en la mesa.
　　　　　　　　　　　　　　　　机の上に本が一冊ある。

There are some boys in the room. ⇨ Hay unos chicos en la habitación.
　　　　　　　　　　　　　　　　部屋に子供達がいる。

※ hay の後に続く名詞が単数でも複数でも、常に [hay] の形で使われます。
※ 「〜が」に当たるものは hay の後に置きます。
※ 不特定の人やものを表しますから名詞には定冠詞はつきません。

Hay un gato en la silla.　　　　　椅子の上に猫が一匹いる。
Hay unas chicas delante del colegio.　学校の前に何人かの女の子がいる。

　　　　　　　　　　　　　　　　＊de＋el→ del（短縮形）

● ¿Qué hay〜？「何がある？」

¿Qué hay cerca de Correos?　　　郵便局の近くに何がありますか？
Hay una farmacia.　　　　　　　　薬局があります。
¿Qué hay esta tarde?　　　　　　　今日の午後何がありますか？
Hay un concierto.　　　　　　　　コンサートがあります。

● [hay＋que＋動詞の原形] 〜しなければならない（一般的な義務）

No hay que tirar basura a la calle.　ごみを投げ捨ててはいけません。
Hay que solicitar el visado.　　　　ビザを申請しなければなりません。

● 場所の表現 CD

近くに	cerca	〜の中に	dentro de〜
遠くに	lejos	〜の外に	fuera de〜
右に	a la derecha	〜の前に	delante de〜
左に	a la izquierda	〜のうしろに	detrás de〜

―― 語順とイントネーション ――

肯定文・否定文	(no) hay＋人・物（＋場所などを表す語句）↘
疑問文	
疑問詞なし	¿Hay＋人・物（＋場所などを表す語句）? ↗
疑問詞あり	¿（前置詞）＋疑問詞＋hay＋人・物（＋場所などを表す語句）? ↘

＊場所などを表す語句は、文頭に置くこともできます。

● hay と estar の比較

hay も estar も日本語に訳せば「ある／いる」となり、その違いがはっきりしませんが、スペイン語ではきちんと区別して用います。使い方を整理しましょう。

	estar	hay
用　法	特定の人やものの「所在」を表す	不特定の人やものの「存在」を表す
一緒に使われる名詞の文中での働き	estarの主語 (estarは主語に合わせ活用します)	文法上はhayの目的語
一緒に使える名詞	yo / tú / usted など ☞ P.40 Vosotros estáis en el parque. 君たちは公園にいます。 固有名詞 José está en casa. ホセは家にいます。 定冠詞付きの名詞 La parada está allí. その停留所はあそこにあります。 所有形容詞付きの名詞 Mi padre está en el hospital. 父は入院しています。	不定冠詞付きの名詞 Hay un teléfono aquí. ここに電話が一台ある。 数のついた名詞 Hay tres exámenes hoy. 今日は試験が3つある。 無冠詞の名詞 Hay árboles en la calle. 通りに木がある。 数量を表す形容詞のついた名詞 Hay mucha gente en la plaza. 広場に大勢の人がいる。

hayの文は、人やものが「いる（ある）か・いない（ない）か」estarの文は、特定の人やものが「どこに」いる（ある）かが述べたい事柄の中心です。従って、estarの文には、場所を表す表現が必要です。

  Hay un hombre. 男が一人いる。
          （場所を言わなくても構いません。）
  El hombre está allí. その男はあそこにいる。
          （場所が必要です。）

¡Vamos a Practicar !

(1)（ ）内に適切な動詞を入れましょう。また下線部は間違っています。正しい形に直しましょう。

① España（　　　　）un país de Europa.

② Japón（　　　　）en Asia.

③ Nosotras（　　　　）<u>japoneses</u>. ⇨ _____

④ ¿（　　　　）un autobús para Toledo?

⑤ Mi hermano（　　　）<u>enferma</u>. ⇨ _____

⑥ ¿De dónde（　　　　）Pablo Picasso?

⑦ Juan y María（　　　　）<u>hermano</u>. ⇨ _____

⑧ Yo（　　　）muy <u>contento</u>. ⇨ _____
 （女）   （満足している）

¡ まとめて Examen !

(1) 例に習って次の質問に答えましょう。

例：¿De quién es este bolso? mi madre
　　Es de mi madre. Es su bolso.

① ¿ De quién es este libro? Carmen

答：

② ¿ De quién son estos discos（レコード）？ mi padre

答：

③ ¿ De quién es esta casa? nosotros

答：

④ ¿ De quién son los zapatos? Pablo

答：

⑤ ¿ De quién es el sombrero（帽子）？ el profesor

答：

(2) （　）内にser, estar を適切な形にして入れ、訳しましょう。

① La paella（　　　　　）una comida típica（代表的な料理）de España.

訳：＿＿＿＿＿＿＿＿＿＿＿＿＿＿＿＿＿＿＿＿＿＿＿＿

② Mis amigos（　　　　　）ocupados.

訳：＿＿＿＿＿＿＿＿＿＿＿＿＿＿＿＿＿＿＿＿＿＿＿＿

③ Mi abuela（　　　　　）enferma（病気の）.

訳：＿＿＿＿＿＿＿＿＿＿＿＿＿＿＿＿＿＿＿＿＿＿＿＿

④ Hoy la hija de Juana（　　　　　）nerviosa.

訳：＿＿＿＿＿＿＿＿＿＿＿＿＿＿＿＿＿＿＿＿＿＿＿＿

⑤ La hija de Juana（　　　　　）nerviosa.

訳：＿＿＿＿＿＿＿＿＿＿＿＿＿＿＿＿＿＿＿＿＿＿＿＿

⑥（　　　　　）el gato en el parque.

訳：＿＿＿＿＿＿＿＿＿＿＿＿＿＿＿＿＿＿＿＿＿＿＿＿

順序数 **CD 17**

1番目の	primero / primera	6番目の	sexto / sexta
2番目の	segundo / segunda	7番目の	séptimo / séptima
3番目の	tercero / tercera	8番目の	octavo / octava
4番目の	cuarto / cuarta	9番目の	noveno / novena
5番目の	quinto / quinta	10番目の	décimo / décima

Mi casa está en el cuarto piso.　私の家は4階にあります。
Hoy es el primer día de esta obra de teatro.　今日はこの芝居の初日です。
Este es el tercer coche de mi familia.　これは我が家の3台目の車です。

＊primeroとterceroは、男性単数名詞の前で、語末のoが脱落します。
　　　el primero día ⇨ el primer día　　　初日
　　　el tercero coche ⇨ el tercer coche　　3台目の車
＊順序数は、名詞の後でも前でも置くことが出来ます。
＊女性名詞につく時は、oがaに変化します。
　　　el primer día / el día primero　　el tercer coche / el coche tercero
　　　la primera ventana / la ventana primera　　最初の窓
＊男性名詞の後に付ける時は、primero/terceroの語尾脱落はありません。
＊11番目からは、順序数ではなく、基数（普通の数）を用います。その場合、必ず名詞の後に基数を置きます。
　　　la casa once　　11番目の家（once casas　11軒の家）

¡Vamos a Practicar!

(1) 次の単語に定冠詞をつけ、スペイン語で書きましょう。

① 5階

___

② 3回目の試験（examen）

___

③ 芝居の初日

___

④ 2台目の車

___

⑤ 7番目の家

___

第15課　現在形規則動詞 ar 型　　CD 18

¿Habla usted español?　　あなたはスペイン語を話しますか。

この課の基本例文

Él siempre toma el rápido.　　彼はいつも急行に乗る。

¿Toma usted café?　　コーヒーを召し上がりますか。
Sí, gracias.　　はい。ありがとう。

¿Habla usted español?　　あなたはスペイン語を話しますか。
Sí, hablo un poco.　　はい。少し話します。

¿Trabajáis mucho hoy?　　(君達) 今日はたくさん働くかい？
No, trabajamos poco.　　いいや、あまり働かないよ。

tomar 飲む・食べる・(乗り物に)乗る　(tom →語幹 ar →語尾) の活用
主語に合わせ、語幹に下表の活用語尾をつけます。

動詞の活用を聞いて覚える

	活用語尾	**tomar**（原形）
yo	-o	tomo
tú	-as	tomas
él/ella/usted	-a	toma
nosotros	-amos	tomamos
vosotros	-áis	tomáis
ellos/ellas/ustedes	-an	toman

文法と用例・覚えておきたいこと

¿Tomamos un taxi?	タクシーに乗りましょうか。
Sí, claro.	ええ、もちろん。
En España, ¿toman ustedes pescado?	スペインでは魚を食べますか。
Sí, mucho.	はい。たくさん（食べます）。

◎ 現在形の用法

① 今現在行なわれていること

　¿Qué comes?　　何を食べているの？　　　　　　　　Qué ☞ 疑問詞
　Como pan.　　　パン食べてるの。

② 現在の習慣にしていること

　Entre semana vuelvo tarde.　　私は、ウイークデーは帰りが遅い。
　　　　　　　　　　　　　　　　　　　　　　　　vuelvo ☞ P.152

③ 一般的なこと

　Toledo está al sur de Madrid.　　トレドはマドリッドの南にある。

④ 未来のこと（未来の時を表す語句と共に）

　Mañana invitamos a los señores García.
　　明日、ガルシア夫妻を招待します。

⑤ 命令

　Estudias mucho.　　君、たくさん勉強しなさい。

　　　＊イントネーションや使われる状況によって「君はたくさん勉強するね」ともなります。

文法と用例・覚えておきたいこと

● 時の表現 CD

今　ahora　　　今日　hoy　　　明日　mañana
明後日　pasado mañana　　　今朝　esta mañana
今日の午後　esta tarde　　　今晩　esta noche

● 頻度の表現 CD

いつも　siempre　　　時々　a veces　　　しばしば　a menudo

● その他の ar 型規則動詞

	hablar（話す）	esperar（待つ）	comprar（買う）	trabajar（働く）	estudiar（勉強する）
yo	hablo	espero	compro	trabajo	estudio
tú	hablas	esperas	compras	trabajas	estudias
él/ella/usted	habla	espera	compra	trabaja	estudia
nosotros	hablamos	esperamos	compramos	trabajamos	estudiamos
vosotros	habláis	esperáis	compráis	trabajáis	estudiáis
ellos/ellas/ustedes	hablan	esperan	compran	trabajan	estudian

¿Habla usted francés? ①　　　あなたはフランス語を話しますか？
No, hablo inglés. ②　　　いいえ。英語を話します。

Yo espero la carta. ③　　　私は手紙を待っている。
Nosotros esperamos al profesor. ④　　　私達は先生を待っている。

＊a＋el→al（短縮形）

文法と用例・覚えておきたいこと

¿Compramos un regalo a Carmen? ⑤　　カルメンにプレゼントを買いましょうか？
Sí, buena idea.　　　　　　　　　　　　ええ。良い考えだわ。

¿Trabaja ella en el supermercado? ⑥　彼女はスーパーで働いているの？
Sí, trabaja por horas.　　　　　　　　　そうだよ。パートで。

¿Estudian ustedes inglés? ⑦　　　　　あなた方は英語を勉強しているのですか。
No, estudiamos español.　　　　　　　　いいえ。スペイン語を勉強しています。

―― 語順とイントネーション ――――――――――――――――――――――――

肯定文・否定文　（主語）＋(no)＋動詞＋直接目的語「～を」＋間接目的語「～に」↘
疑問文　　　　　　　　　└→(動詞の前)
　疑問詞なし　　¿動詞＋(主語)＋直接目的語＋間接目的語？↗
　疑問詞あり　　¿(前置詞)疑問詞＋動詞＋(主語)＋直接目的語＋間接目的語？↘

＊主語は、動詞の活用からわかることが多く、省くのが自然です。→例文②
　省かない場合：主語が３人称の場合など、何かはっきりしない時→例文⑥
　　　　　　　　主語が usted/ustedes の時（敬称なので）→例文①、⑦
＊人が直接目的語の時　前置詞 a を付けます。→例文④
＊物が直接目的語の時　前置詞は不要です。→例文③
＊間接目的語には、人・物に関係なく、必ず前置詞　a を付けます。→例文⑤

　　特殊な形になるもの　　a ~~yo~~ → a mí　　a ~~tú~~ → a ti
　　前置詞 ＋ yo / tú → mí / ti になります。

¡Vamos a Practicar !

(1) 次の活用表を完成させましょう。

	estudiar	comprar
yo		compro
tú	estudias	
él/ella/usted		
nosotros	estudiamos	
vosotros		
ellos/ellas/ustedes		compran

(2) スペイン語に訳しましょう。

① 私の兄はレストランで働いています。

訳：

② そのフランス人は日本語を話します。

訳：

③ 私たちはドイツ語を勉強します。

訳：

¡Vamos a Practicar!

(3) (　) 内の動詞を適切な形にして全文を書き直し、訳しましょう。

① Naoko (hablar) bien (よく) español.

_____

　訳：_____

② ¿Qué (comprar) tú en esa tienda (店)?

_____

　訳：_____

③ Esa chica (esperar) a Enrique.

_____

　訳：_____

④ Mis hijos (estudiar).

_____

　訳：_____

⑤ María (cantar 歌う) bien.

_____

　訳：_____

曜日の表現　　CD 19

¿Qué día es hoy?　　今日は何曜日ですか？
Hoy es sábado.　　土曜日です。

この課の基本例文

¿Qué día es hoy?　　　　　今日は何曜日ですか？
Hoy es sábado.　　　　　　土曜日です。

Los sábados cenamos juntos en casa.
　　　　　　　　毎週土曜日は、家で一緒に夕食をとります。

El domingo visito a mi tía Isabel.
　　　　　　　　私は日曜日にイサベルおばさんを訪ねる。

La reunión de vecinos es el tercer viernes.
　　　　　　　　ご近所の集まりは、第3金曜日です。

＊「今日は～曜日です」の時、曜日に定冠詞は付きません。
＊ semana：週　　mes：月　　año：年
＊ cenamos→cenar
＊ visito→visitar

● 曜日を覚えましょう。 CD

月曜日　lunes　　火曜日　martes　　水曜日　miércoles　　木曜日　jueves
金曜日　viernes　　土曜日　sábado　　日曜日　domingo

¿Cuándo es la boda de Catalina?　　カタリナの結婚式はいつ？
Es el domingo.　　　　　　　　　　日曜日よ。

＊月曜から金曜までは、単・複同形。土・日は複数形があります。
＊「～曜日に」の時、定冠詞を付けます。（曜日は小文字で書きます）

文法と用例・覚えておきたいこと

El jueves veo una película de suspense.　　　　　veo ☞ P.156
　　木曜日に、僕はサスペンス映画を見るんだ。

Los jueves ella visita a su abuela.
　　毎週木曜日彼女はおばあさんを訪問します。

¡Vamos a Practicar !

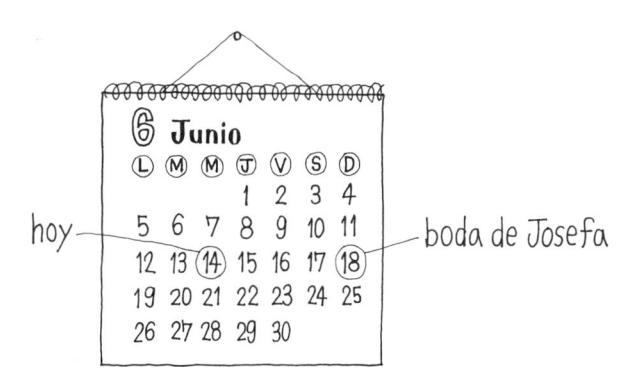

カレンダーを見て次の質問に答えましょう。

① ¿Qué día es hoy? _____

② ¿Qué día es mañana? _____

③ ¿Qué día es el 23 de este mes? _____

④ ¿Qué día es el 25 de este mes? _____

⑤ ¿Cuándo es la boda de Josefa? _____

第16課　疑問詞　CD 20

¿Cuánto es?　　いくらですか？

この課の基本例文

¿Qué buscas?　　　　　　　　　　何を探してるの？
Busco mi monedero.　　　　　　　僕の財布を探してるんだ。

¿Cuándo abre el banco?　　　　　いつ銀行は開きますか？
Abre a las diez.　　　　　　　　10時に開きます。

¿Cuánto es?　　　　　　　　　　いくらですか？
Son ochenta dólares.　　　　　　80ドルです。

¿Cuál es tu número de teléfono?　君の電話番号は何番ですか？
Es 03-5628-1904　　　　　　　　03-5628-1904です。

疑問詞 CD

① qué　　　　　　　　　なに・どんな（what）
② quién/quiénes　　　　誰・誰々（who）
③ cómo　　　　　　　　どのように・どのような（how）
④ cuál/cuáles　　　　　どれ（which）
⑤ cuándo　　　　　　　いつ（when）
⑥ cuánto/cuánta/cuántos/cuántas
　　　　　　　　　　　どのくらいの（how many/how much）
⑦ dónde　　　　　　　　どこ（where）

＊疑問文は「¿～?」で囲みます。
＊疑問詞にはアクセント記号を付けます。
＊イントネーションは、文末で下がるのが普通です。上げるとやさしい感じになります。
＊疑問詞の前に前置詞を付ける場合があります。例文 1 2 3

文法と用例・覚えておきたいこと

① ¿Qué es esto? これは何ですか？
　　Esto es un brasero. これは火鉢です。
　　¿Por qué compras flores? [1] なぜ花を買うの？
　　Porque son bonitas. なぜならきれいだから。

② ¿Quién es aquel señor? あの紳士は誰ですか？
　　Es mi padre. 父です。
　　¿A quién compras aquel cuadro? [2] 誰にあの絵を買ってあげるの？
　　A mi madre. 母に。

③ ¿Cómo está tu padre? お父さんは、お元気？
　　Está bien. 元気です。

④ ¿Cuáles son tus comidas favoritas? 君の好きな食べ物は何？
　　Son el gazpacho y la tortilla. ＊ガスパチョとトルティージャです。

⑤ ¿Cuándo es tu cumpleaños? 君の誕生日はいつ？
　　Es mañana. 明日です。

⑥ ¿Cuántos libros lees al mes? ひと月何冊本を読みますか？
　　Leo dos libros. 2冊読みます。

⑦ ¿Dónde viven ustedes? あなた方はどこにお住まいですか？
　　Vivimos en Kobe. 神戸に住んでいます。
　　¿De dónde es tu bolso? [3] 君のバックはどこ製なの？
　　Es italiano. イタリア製です。

よく使う形容詞

barato	安い	caro	高い
bueno	良い	malo	悪い
bonito	きれいな	feo	醜い
grande	大きい	pequeño	小さい
rico	美味しい		

❏gazpacho と tortilla

- gazpacho はスペインの夏の冷たいスープです。トマトをベースにしたアンダルシア地方の料理でキュウリ、タマネギ、ニンニク、パンにオリーブオイルと酢、塩を加えて作ります。
- tortilla はいわばスペインのおふくろの味。卵焼きと言うかオムレツと言うか…具にはチョリソなど何でも入れることができますが、一番シンプルなのはじゃがいもを入れたものです。各家庭で塩加減、じゃがいもの下ごしらえなどに工夫があります。

＊チョリソ→スペインで代表的な豚の腸詰め。パプリカなどの香辛料をきかせたもので、そのまま食べるだけでなく、だしとして煮込み料理などに欠かせません。

今月の単語帳 [食物]

トマト	tomate (*m*)	パン	pan (*m*)
キュウリ	pepino (*m*)	オリーブオイル	aceite de oliva (*m*)
タマネギ	cebolla (*f*)	酢	vinagre (*m*)
ニンニク	ajo (*m*)	塩	sal (*f*)
じゃがいも	patata (*f*)		

¡Vamos a Practicar!

(1) 次の文章を質問文と線で結びましょう。

① Es 03-5421-7896.　　　　　　　　a ¿Dónde está Paco?

② Está en Nagasaki.　　　　　　　　b ¿Quién es ese chico?

③ Es sábado.　　　　　　　　　　　c ¿Qué es esto?

④ Esto es un castillo del siglo XII.　　d ¿Cuál es tu número
　　（12世紀のお城）　　　　　　　　　de teléfono?

⑤ Es mi hermano.　　　　　　　　　e ¿Qué día es hoy?

(2) 次の（　）内に適切な疑問詞を入れましょう。

① ¿(　　　　　) es ese niño?　Es el hijo de mi hermano.

② ¿(　　　　　) está tu abuela?　Está muy bien.

③ ¿(　　　　　) estás?　Estoy cerca de tu casa.

④ ¿(　　　　　) es tu sombrero?　Es éste.

⑤ ¿(　　　　　) es?　Son quince dólares.

30までの数を覚えましょう　　CD 21

11	once	21	veintiuno
12	doce	22	veintidós
13	trece	23	veintitrés
14	catorce	24	veinticuatro
15	quince	25	veinticinco
16	dieciséis	26	veintiséis
17	diecisiete	27	veintisiete
18	dieciocho	28	veintiocho
19	diecinueve	29	veintinueve
20	veinte	30	treinta

＊15 quince は「キンセ」と発音します。「クインセ」とならないように。
＊20 veinte は「ve」を強く発音してください。「i」が強くならないように。
＊21 は 女性名詞が付くと、veintiunoの「o」が「a」に変化します。
　　　veintiuna chicas / veintiuna mesas / veintiuna casas
　　　男性名詞が付くと、veintiunoの「o」は脱落します。
　　　veintiún chicos / veintiún meses / veintiún libros

―― 今月の単語帳 ［情報通信］ ――

インターネット	Internet(*m*)	ホームページ	página web(*f*)
メイルアドレス	dirección de internet(*f*)	マウス	ratón(*m*)
キーボード	teclado(*m*)		

99までの数を覚えましょう　　CD 22

```
31  treinta y uno        40  cuarenta
32  treinta y dos...     50  cincuenta
                         60  sesenta
                         70  setenta
                         80  ochenta
                         90  noventa      91  noventa y uno...
                                          99  noventa y nueve...
```

*31から99までは、(treinta y uno～noventa y nueve)のように数えていきます。
*31, 41, 51……91のように1がつく時
　女性名詞の前で、uno→unaと変化します。
　　　　cincuenta y una mujeres / setenta y una casas
　男性名詞の前で、語末のoが脱落します。
　　　　sesenta y un coches / noventa y un hombres

今月の単語帳 [衣服]

スーツ	traje(*m*)	ドレス	vestido(*m*)
ワイシャツ	camisa(*f*)	Tシャツ・トレーナー	camiseta(*f*)
ズボン	pantalones(*m*)	ブランドの服	ropa de marca(*f*)

¡Vamos a Practicar !

(1) 次のイラストを見て数をスペイン語で書きましょう。

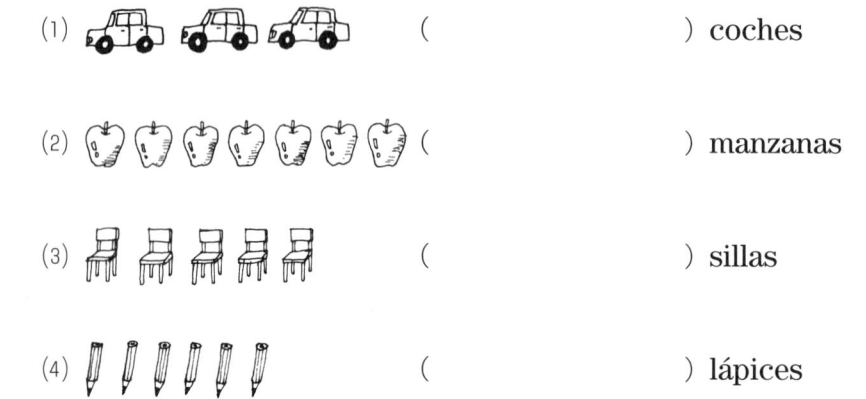

    (1)   (　　　　　) coches

    (2)   (　　　　　) manzanas

    (3)   (　　　　　) sillas

    (4)   (　　　　　) lápices

    (5)   (　　　　　) gatos

¡Vamos a Practicar!

(2) 次のスペイン語の数字を塗りつぶしましょう。塗りつぶした部分は数字になります。いくつですか？（　）にスペイン語で書いて下さい。

① cuarenta y cinco
② setenta
③ cero
④ ocho
⑤ tres
⑥ ochenta
⑦ cincuenta y cinco
⑧ treinta y dos
⑨ veintiuno
⑩ cincuenta y tres
⑪ setenta y tres

66	32	3	70	11
86	21	28	89	16
90	73	45	55	64
9	14	35	53	4
92	8	80	0	38

答（　　　　　　　）

(3) 次の語句をスペイン語で書いてみましょう。

① 31本の鉛筆 _____

② 60ドル _____

③ 88冊の本 _____

④ 15枚のTシャツ _____

⑤ 23人の学生 _____

第17課　現在形規則動詞 er 型　　CD 23

¿Qué bebe usted?　　あなたは何を飲みますか？
Pues... bebo el vino del país.　　えーと、地ワインを飲みます。

この課の基本例文

Aprendemos español.　　スペイン語を勉強しましょう。

¿Qué bebe usted?　　あなたは何を飲みますか？
Pues... bebo el vino del país.　　えーと、地ワインを飲みます。

¿Comemos juntos?　　一緒に食事しましょうか。
Sí, en ese restaurante.　　ええ。そのレストランで。

Ahora leo una novela mejicana.　　今メキシコの小説を読んでいるんだ。

---

beber（冷たい飲み物・お酒を）飲む（beb→語幹 er→語尾）の活用
主語に合わせ、語幹に下表の活用語尾をつけます。

動詞の活用を聞いて覚える

	活用語尾	**beber**（原形）
yo	-o	bebo
tú	-es	bebes
él/ella/usted	-e	bebe
nosotros	-emos	bebemos
vosotros	-éis	bebéis
ellos/ellas/ustedes	-en	beben

文法と用例・覚えておきたいこと

¿Bebes cerveza?　　ビールを飲む？
No, bebo agua.　　いいえ、水を飲むよ。

● その他の er 型規則動詞

	aprender（習得する）	comer（食べる）	leer（読む）	meter（入れる）	correr（走る）
yo	aprendo	como	leo	meto	corro
tú	aprendes	comes	lees	metes	corres
él/ella/usted	aprende	come	lee	mete	corre
nosotros	aprendemos	comemos	leemos	metemos	corremos
vosotros	aprendéis	coméis	leéis	metéis	corréis
ellos/ellas/ustedes	aprenden	comen	leen	meten	corren

¿Aprende usted inglés?　　あなたは英語を習っているのですか？
No, aprendo español.　　いいえ。スペイン語を習っています。

¿Por qué comes en aquel restaurante chino?
　　君、なぜあの中華レストランで食べるの？
Porque es barato y bueno.　　安くて美味しいから。

¿Usted lee en inglés?　　あなたは、英語で読んでいるのですか？
No, leo en español.　　いいえ。スペイン語で読んでます。

¿Meto tu llave en el bolso?　　君の鍵をバッグに入れておこうか？
Sí, por favor.　　ええ。お願い。

Mi coche corre mucho.　　僕の車はよく走る。

食事の表現 🎧

朝食　desayuno（m）　　昼食　almuerzo（m）　おやつ　merienda（f）
夕食　cena（f）　　　　食事　comida（f）

> **Poco a Poco 役立つ一言**
>
> えーと…　　Pues...
> それでは　　Entonces
> さて　　　　Bueno...

¡Vamos a Practicar!

(1) 次の動詞を活用して表を完成しましょう。

	leer（読む）	correr（走る）
yo	leo	
tú		corres
él/ella/usted	lee	
nosotros		
vosotros		
ellos/ellas/ustedes		corren

¡Vamos a Practicar !

(2) （ ）内の動詞を適切な形に活用しましょう。

① ¿Qué idioma（aprender ⇨　　　　　　　　）tú?

　（aprender ⇨　　　　　　　　）alemán.

② ¿Qué（comer ⇨　　　　　　　　）tú en Japón?

　（comer ⇨　　　　　　　　）"sushi".

③ ¿Cuándo（leer ⇨　　　　　　　　）vosotros el periódico?

　（leer ⇨　　　　　　　　）el periódico por la mañana（午前中に）.

④ ¿Dónde（meter ⇨　　　　　　　　）nosotros el coche?

⑤ Mi abuelo（beber ⇨　　　　　　　　）mucho.

日付の表現 　　　　　　　　　　　　　　　　　CD 24

> **この課の基本例文**
>
> ¿A qué estamos hoy?　　　　　　　　今日は何日ですか？
> Estamos a cinco de agosto de 2000.　2000年の8月5日です。
>
> ¿En qué mes toman vacaciones los españoles?
> 　　　　　　　　　　　　　　　　スペイン人は何月に休暇を取りますか？
> En agosto toman vacaciones.　　　　8月に休暇を取ります。

* 2000年は（el año）dos mil ☞100からの数
* 「ついたち」はprimero と言います。2日以降は、dos, tres, cuatro...
  Estamos a primero de enero.　1月1日です。

● 月の名前を覚えましょう。 CD

1月 enero　　2月 febrero　　3月 marzo　　4月 abril　　5月 mayo
6月 junio　　7月 julio　　8月 agosto　　9月 septiembre
10月 octubre　　11月 noviembre　　12月 diciembre

　　　　　　　　　　　　　　　　　　　　　　（月は小文字で書きます）

● 「〜月に」という場合は、前置詞 **en** を付けます。

¿En qué mes hay exámenes?　En junio y en febrero.
何月に試験がありますか。6月と2月です。

¿En qué mes es el Día de los niños?　En mayo.
子供の日は、何月ですか。5月です。

¡Vamos a Practicar !

(1) 次の質問に答えましょう。

① ¿En qué mes es la Navidad（クリスマス）?

_____

② ¿En qué mes es la Fiesta de "Tanabata"?

_____

③ ¿En qué mes es la Fiesta de las niñas?

_____

④ ¿En qué mes es la Fiesta de "Mamemaki"?

_____

⑤ ¿En qué mes es el Día de la madre en Japón?

_____

(2) スペイン語にしましょう。 **Estamos a** _____

① 1月11日　　　　　　　　　② 2月14日

_____　　　_____

③ 4月29日　　　　　　　　　④ 6月6日

_____　　　_____

⑤ 11月23日　　　　　　　　⑥ 12月7日

_____　　　_____

第18課　現在形規則動詞 ir 型　　CD 25

¿Dónde escribo mi nombre?　　どこに私の名前を書きましょうか？

この課の基本例文

Vivo con mis padres.	私は両親と暮らしています。
El guía recibe a los turistas en el aeropuerto.	ガイドが観光客を空港で出迎えます。
¿Dónde escribo mi nombre? Aquí, por favor.	どこに私の名前を書きましょうか？ ここにお願いします。
¿Abro la ventana? Sí, por favor.	窓をあけましょうか？ はい。お願いします。

escribir（書く）（escrib→語幹 ir→語尾）の活用

主語に合わせ、語幹に下表の活用語尾をつけます。

動詞の活用を聞いて覚える

	活用語尾	**escribir**（原形）
yo	-o	escribo
tú	-es	escribes
él/ella/usted	-e	escribe
nosotros	-imos	escribimos
vosotros	-ís	escribís
ellos/ellas/ustedes	-en	escriben

文法と用例・覚えておきたいこと

¿A quién escribes? だれに手紙を書いているの？
Escribo a mi profesor. 先生に書いている。

◎ その他の ir 型規則動詞

	vivir(住む)	recibir(受け取る)	abrir(開ける・開く)	partir(分ける・出発する)	subir(乗る・上げる)
yo	vivo	recibo	abro	parto	subo
tú	vives	recibes	abres	partes	subes
él/ella/usted	vive	recibe	abre	parte	sube
nosotros	vivimos	recibimos	abrimos	partimos	subimos
vosotros	vivís	recibís	abrís	partís	subís
ellos/ellas/ustedes	viven	reciben	abren	parten	suben

¿Con quién vives? 誰と暮らしているの？
Vivo solo/sola. 一人暮しです。

＊soloは形容詞で、主語の性と数に一致させます。女性が言う場合はsola。

¿Cuándo recibe usted la respuesta? いつあなたは返事をもらえますか？
Quizás, mañana. たぶん、明日。

＊Quizás：たぶん　キサスと発音

¿Partimos la tarta? ケーキを分けましょうか。
Sí, partimos la tarta en ocho trozos. ええ。8切れに分けましょう。

¿Cuándo partes para Europa? いつヨーロッパへ発つの？
Pasado mañana. 明後日。

¿Dónde suben ustedes al AVE?　　　あなた達はどこでAVEに乗るのですか？
Subimos en Córdoba.　　　　　　　コルドバで乗ります。

＊AVEはマドリッド・セビージャ間を走る特急（新幹線）

¿Subo la maleta al tren?　　　　　列車にスーツケースを乗せましょうか？
Sí, gracias.　　　　　　　　　　　お願いします。ありがとう。

¡Vamos a Practicar !

(1)（　）内の動詞を適切な形に活用しましょう。

① Mis padres（vivir ⇨　　　　　　）en Kioto.

② Ellos（recibir⇨　　　　　　）la invitación（招待状）
de la boda de su prima（いとこ）．

③ Jaime（escribir ⇨　　　　　　）una novela（小説）．

④ Mi abuelo（recibir ⇨　　　　　　）a mi hermana en la estación.

⑤ La profesora（partir ⇨　　　　　　）la tarta para sus estudiantes.

⑥ Los estudiantes（abrir ⇨　　　　　　）las ventanas.

¡Vamos a Practicar !

(2) 次の単語と動詞を線でつないで正しい文章にしましょう。

① Usted 　　　　　　　　　　a　tomas vino español.

② Mis padres 　　　　　　　　b　estudiáis japonés.

③ María y yo 　　　　　　　　c　vivimos en Sevilla.

④ Yo 　　　　　　　　　　　d　recibe una carta.

⑤ Tú y tu hermana 　　　　　　e　viajan en tren.

⑥ Tú 　　　　　　　　　　　f　abro la ventana.

(3) 例に従って質問にスペイン語で答えましょう。

例　¿Tomáis un taxi?　　Sí, tomamos un taxi.

¿Compra tu mamá unas manzanas?

Sí,_____

¿Dónde comes? _____
　　　　　　　　（中華レストランで）

¿Dónde vive usted? _____

¿Trabaja José en una escuela?（学校）

No, _____

¿Habláis alemán?　Sí, _____

第19課　時刻の表現　　CD 26

¿Qué hora es ahora?　　今何時ですか？

この課の基本例文

¿Qué hora es ahora?　　　　　　今何時ですか？
Son las ocho y media.　　　　　 8時半です。

¿A qué hora es la salida?　　　　出発は何時ですか？
Es a las nueve.　　　　　　　　 9時です。

¿A qué hora llega el avión?　　　飛行機は何時に着きますか？
Llega a las once menos cuarto.　 10時45分に着きます（11時15分前）。

El tren tarda ocho horas en llegar a San José.
　　　　　　　　　この汽車はサンホセに着くのに8時間かかります。

¿Qué hora es?「今何時ですか」

1時です。	Es la una. ①
1時15分過ぎです。	Es la una y cuarto. ②
1時30分です。	Es la una y media. ③
ちょうど2時です。	Son las dos en punto. ④
9時12分です。	Son las nueve y doce. ⑤
正午です。	Es el mediodía.
午前零時です。	Es la medianoche.
夜の12時20分前です。	Son las doce menos veinte de la noche. ⑥

* 「1時〜」は、動詞・定冠詞ともに単数形です。→ 例文①
* 2時、3時…は、動詞・定冠詞とも複数形です。→ 例文④
* 15分はcuarto, 30分はmediaといいます。→ 例文②③
* 「〜過ぎ」は「y+分」、「〜前」は「menos+分」で表します。→ 例文⑤⑥
* 「ちょうど」は「en punto」、で表します。→ 例文④
* 列車や航空機の発着時刻などの場合、数字をそのまま読みます。
   El tren llega a las 19:37. El tren llega a las diecinueve treinta y siete.
      列車は19:37分に着きます。
* 午前、午後、夜間の区別をしたいとき、時刻のあとに de la mañana / de la tarde/de la nocheを入れます。→ ⑦

¿A qué hora〜?「何時に〜ですか？」

¿A qué hora abre el banco?　　　　　その銀行は何時に開きますか？
Abre a las nueve.　　　　　　　　　9時に開きます。

¿Cuándo llega Pepe al aeropuerto?　　ペペはいつ空港に着きますか？
Llega a las once y veinte.　　　　　　11時20分に着きます。

¿Cuánto tiempo+tardar?「どのくらい（時間が）かかりますか？」

＊tardar:（時間が）かかる

¿Cuánto tiempo tarda el autobús?　　このバスはどのくらいかかりますか？
Tarda 8 horas.　　　　　　　　　　8時間かかります。

¿Cúanto tiempo tardan las obras?
　　この工事はどのくらい時間がかかりますか？
Tardan poco.　　あまりかかりません。

en＋動詞の原形　「～するのに」

¿Cuánto tiempo tardan ustedes en terminar el trabajo?
あなた方この仕事を終えるのに、どのくらいかかりますか？
Tardamos 5 días.　　5日かかります。
¿Cuánto tiempo tardas en leer el documento?
　　この資料を読むのに君、どのくらいかかる？
Tardo una semana.　　一週間かかります。

今月の単語帳　[旅]

高速道路	autopista (f)	観光案内所	oficina de turismo (f)
プラットホーム	andén (m)	案内所	información (f)
税　関	aduana (f)	切符売り場	taquilla (f)

¡Vamos a Practicar !

(1) 次のイラストを見てスペイン語で答えましょう。

①  12:15　¿Qué hora es ahora?

___

② 11:59　¿Qué hora es ahora?

___

③  3:45　¿Qué hora es ahora?

___

④ 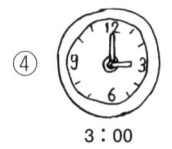 3:00　¿Qué hora es?

___

⑤ 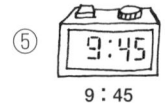 9:45　¿Qué hora es?

___

⑥  1:10　¿Qué hora es?

___

¡Vamos a Practicar !

(3) 時刻表を見て次の質問に答えましょう。

Horario de Ave

CLASE DE TREN	LLANO	VALLE
SEVILLA Santa Justa CORDOBA PUERTOLLANO CIUDAD REAL MADRID Puerta de Atocha	11:00 11:43 • • 13:25	12:00 12.43 • • 14:25
RESTAURANTE	☕	☕

(※印は CORDOBA の行)

① ¿A qué hora sale el LLANO de Sevilla?   sale ☞ P.164

___

② ¿A qué hora llega el LLANO a Córdoba?

___

③ ¿A qué hora sale el VALLE de Sevilla?

___

④ ¿A qué hora llega el VALLE a Madrid?

___

第3章
中 級

第20課　よく使う動詞　querer（欲しい）　CD 27

Queremos reservar mesa.　テーブルの予約をしたいのですが。

この課の基本例文

Quiero una caña.	僕は生ビールが欲しい。
Queremos reservar mesa.	テーブルの予約をしたいのですが。
Muy bien.	かしこまりました。
¿Quiere usted sacar una foto?	写真を撮っていただけますか？
Con mucho gusto.	喜んで。
¿Quieres viajar por América del Sur?	南アメリカを旅したい？
¡Claro!	もちろん。
El recital empieza a las siete.	リサイタルは7時に始まります。
Los señores Ortega entienden bien la cultura japonesa.	オルテガ夫妻は日本文化に造詣が深いです。

動詞の活用を聞いて覚える

	querer（原形）
yo	qu**ie**ro
tú	qu**ie**res
él/ella/usted	qu**ie**re
nosotros	queremos
vosotros	quer**é**is
ellos/ellas/ustedes	qu**ie**ren

＊英語のwant / loveに相当。
＊語尾変化は er 型規則動詞と同じです。
　que- が quie- に変化する不規則動詞ですが、nosotros/vosotrosは、規則変化します。

文法と用例・覚えておきたいこと

【querer の用法】

querer＋物 「～が欲しい」

¿Quieres más café? コーヒーもっといかが？
No, gracias. いいえ、けっこうです。
No quiero problemas. 私、もめ事はごめんだわ。
Mi hermano mayor quiere un coche. 兄は車が欲しい。
（mayor：年上の ⟷ menor：年下の）

querer＋a＋人 「～を好きだ・愛している」

Él quiere a Isabel. 彼はイサベルを愛している。
El profesor Sánchez quiere mucho a sus alumnos.
　　サンチェス先生は、子供達をとてもかわいがっている。

querer＋動詞の原形 「～したい」

Queremos comer pescado. 私達は、魚が食べたい。
Mi padre quiere probar el vino argentino.
父はアルゼンチンのワインを試飲したい。
¿Quiere usted visitar Kioto? ① 京都を訪ねてごらんになりたいですか。

疑問形は「丁寧な依頼」を表すこともあります。
¿Quiere usted cerrar la puerta? ② ドアを閉めていただけますか。

　　＊①（～したい）と ②（丁寧な依頼）は、文脈によって判断します。

文法と用例・覚えておきたいこと

querer と同じ活用をする動詞

	empezar 始める・始まる	perder 失う	sentir 感じる・残念に思う	cerrar 閉める・閉まる	entender 理解する
yo	emp**ie**zo	p**ie**rdo	s**ie**nto	c**ie**rro	ent**ie**ndo
tú	emp**ie**zas	p**ie**rdes	s**ie**ntes	c**ie**rras	ent**ie**ndes
él/ella/usted	emp**ie**za	p**ie**rde	s**ie**nte	c**ie**rra	ent**ie**nde
nosotros	empezamos	perdemos	sentimos	cerramos	entendemos
vosotros	empezáis	perdéis	sentís	cerráis	entendéis
ellos/ellas/ustedes	emp**ie**zan	p**ie**rden	s**ie**nten	c**ie**rran	ent**ie**nden

＊語幹（例：entend の部分）に e が 2 つある場合は後ろの e が変化します。

¿A qué hora empieza el concierto?　　コンサートは何時に始まりますか？
Empieza a las siete.　　7時に始まります。

Empiezo a estudiar español.　　僕はスペイン語を勉強し始めるよ。

＊empezar ＋ a ＋ 動詞の原形は「〜し始める」

El Museo Nacional cierra los lunes.　　国立博物館は月曜日休館です。
¿Cierro la ventana?　　窓を閉めましょうか？

No quiero perder tiempo.　　私は時間を無駄にしたくない。
¿Me entiendes?　　私の言うことわかる？
Sí, te entiendo.　　うん、わかる。

＊me / te ☞ 「を格」

Lo siento mucho.　　とても残念です。お気の毒です。
Aquí sentimos frío de noche.　　ここでは、夜は寒さを感じます。

文法と用例・覚えておきたいこと

Poco a Poco 役立つ一言

もちろん。	¡Claro! ¡Cómo no!
とんでもない。	¡Qué va!
お気の毒です。	Lo siento.
わかりません。	No entiendo.
もう一度お願いします。	Otra vez, por favor.

¡ まとめて Examen !

(1) (　) に querer の適切な活用形を入れて訳しましょう。

① Mi tía (　　　　　) comprar un chalet（別荘）en Cuenca.

訳：

② Nosotros (　　　　　) mucho a nuestros hijos.

訳：

③ ¿ (　　　　　) (tú) abrir la puerta?

訳：

④ Ellas (　　　　　) una botella de vino（ワイン1本）.

訳：

⑤ ¿ (　　　　　) usted tomar una caña?

訳：

(2) (　) 内の動詞を適切な形にして入れましょう。

① María（empezar ⇨　　　　　　　）a aprender español.

② El profesor（entender ⇨　　　　　　　）a sus alumnos.

③ Mi hermana（sentir ⇨   ）
　 mucho la muerte（死）de su perro.

④ Los almacenes（cerrar ⇨   ）los martes.
　（デパート）

(3) スペイン語にしましょう。

① 私はこの本を理解できない。

訳：

② 彼は道に迷う。（道：el caminoを失う）

訳：

③ 劇（el teatro）は何時に始まりますか？。

訳：

④ あなたは暑くないですか？（暑さ(calor)を感じませんか？）

訳：

⑤ （私達は）テーブルを予約しましょうか？

訳：

「を格」(直接目的格代名詞)　　CD 28

¿Me quieres?　　　私のこと好き？（君は、私を好き？）
No, no te quiero.　きらい。（いいえ、私は、君を好きではない。）

¿Nos llevas al estadio Bernabeu?
　　　　　　　　　私達をベルナベウ競技場に連れていってくれる？
Sí, os llevo.　　　いいよ、連れていってあげる。

「を格」(1人称・2人称)

私を	me
君を	te
私達を	nos
君達を	os

＊「を格」は、活用している動詞の前に入れます。
＊否定を表す［no］は、「を格」の前に入れます。

¡Vamos a Practicar !

(1) 次の質問に「を格」を使って答えましょう。

① Papá, ¿me llevas a la playa?

Sí, _____

② ¿Os llevan vuestros padres a Londres?

No, _____

③ ¿Nos lleváis al teatro?

Sí, _____

④ ¿Me quieres?

Sí, _____

⑤ ¿Te llevan tus abuelos a Cuenca?

No, _____

第21課　よく使う動詞　tener（持つ）　CD 29

¿Tiene usted hambre?　　あなたはお腹がすいていますか？

この課の基本例文

¿Tiene usted hambre?　　あなたはお腹がすいていますか？
Sí, tengo mucha hambre.　　はい、とてもすいています。

No tenemos sed.　　私達はのどが乾いていない。

Tengo treinta años.　　私は30歳です。

¿Tienes tiempo esta tarde?　　君、今日の午後暇ある？
Esta tarde no, pero esta noche sí.　　午後はないけど、夜ならあるよ。

Tengo que llegar a la estación a las cuatro.
　　私は4時に駅に着かなければならない。

動詞の活用を聞いて覚える

	tener（持つ）
yo	tengo
tú	tienes
él/ella/usted	tiene
nosotros	tenemos
vosotros	tenéis
ellos/ellas/ustedes	tienen

英語の have に相当。
1人称単数形が特殊な形になります。
その他は querer と同じ変化です。

文法と用例・覚えておきたいこと

「持つ／持っている」

¿Cuántos hijos tienen ustedes?	お子さんは何人いらっしゃいますか？
Tenemos tres.	3人です。
¿Cuántos años tiene tu abuelo?	君のおじいさんは何歳？
Tiene ochenta y siete años.	87歳です。
¿Qué tienes en la mano?	手に何を持っているの？
Tengo una llave.	鍵だよ。

tener ganas de＋動詞の原形 「～したい」

Tengo ganas de viajar por Costa Rica.　私はコスタリカを旅したい。

tener＋que＋動詞の原形　「～しなければならない」

Tenemos que hablar con nuestro jefe.
　私達は上司と話さなければならない。
No tiene usted que pagar.　あなたはお支払いになる必要はありません。
No tienes que beber tanto.　君はそんなに飲んではいけない。

＊否定形は～する必要はない／～してはいけないの意味です。

tener＋名詞の慣用表現

sueño（眠け）	¿Tienes sueño?	眠いの？
frío（寒さ）	¿Tienen ustedes frío?	あなた方寒いですか？
calor（暑さ）	No, tenemos calor.	いいえ、暑いです。
tiempo（時間）	Ya no tengo tiempo.	私はもう時間がありません。
prisa（急ぎ）	¿Por qué tienes prisa?	なぜ急いでるの？
dolor（痛み）de＋体の一部	Él tiene dolor de estómago.	彼は胃が痛い。

111

◎ 身体の名称 CD

頭：cabeza(f)　顔：cara(f)　喉：garganta(f)　目：ojo(s)(f)
耳：oído(s)(m)　口：boca(f)　鼻：nariz(f)　髪の毛：pelo(m)
手：mano(s)(f)　腕：brazo(s)(m)　指：dedo(s)(m)
足全体：pierna(s)(f)　足：pie(s)(m)

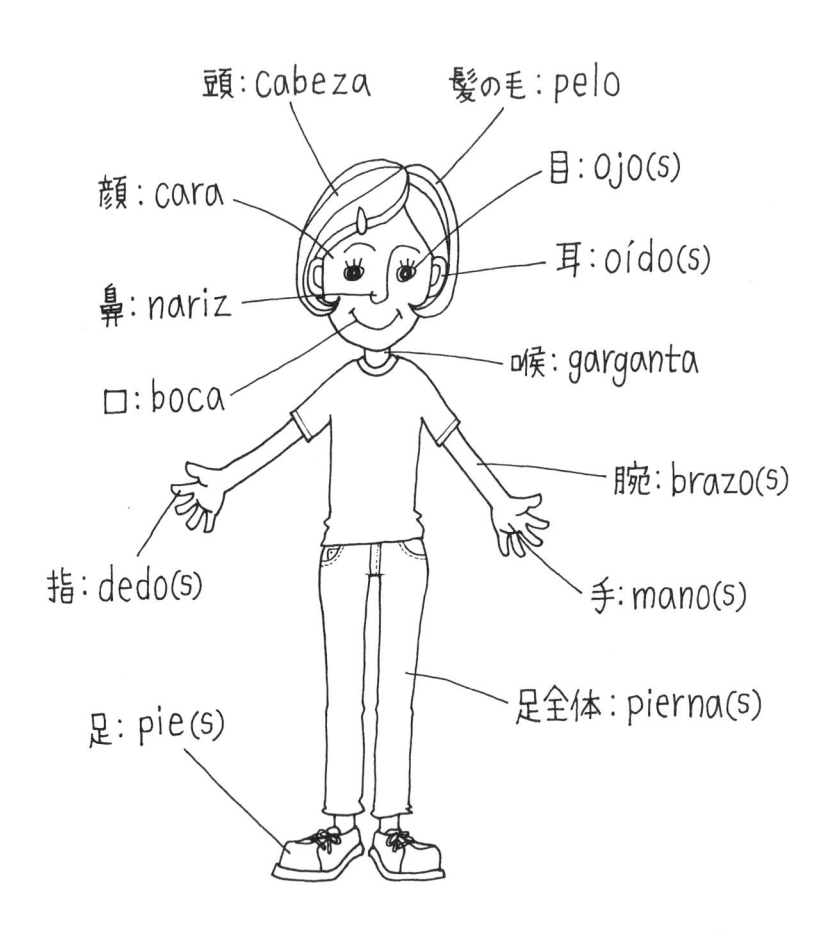

頭：cabeza　髪の毛：pelo
顔：cara　目：ojo(s)
鼻：nariz　耳：oído(s)
口：boca　喉：garganta
指：dedo(s)　腕：brazo(s)
足：pie(s)　手：mano(s)
　　　　　足全体：pierna(s)

¡Vamos a Practicar !

(1) （　）に tener を適切な形に活用して入れ、日本語にしましょう。

① Yo （　　　　　　　　　） sueño.

訳：

② ¿Qué （　　　　　　　　　） tú en tu bolso?

訳：

③ ¿Cuántos años （　　　　　　　　　） tu abuelo?

訳：

④ ¿Nosotros （　　　　　　　　） que ir al aeropuerto?

訳：

(2) tener を使って次の文をスペイン語にしましょう。

① メルセデス（Mercedes：女性の名前）は、3人の娘がいます。

訳：

② 私は急いでいます。

訳：

③ 彼は胃が痛くない。

訳：

第22課　よく使う動詞　saber（わかる・知っている）と conocer（知っている）　CD 30

Conozco Madrid.　私はマドリッドに行ったことがある。

この課の基本例文

Conozco Madrid.	私はマドリッドに行ったことがある。
¿Conoce usted Ecuador? Todavía no.	エクアドルに行ったことがありますか。 まだありません。
Sé nadar.	私は泳げます。
¿Sabes español? Sí, un poco.	スペイン語がわかりますか？ はい。少し。

動詞の活用を聞いて覚える

	saber	conocer
yo	sé	conozco
tú	sabes	conoces
él/ella/usted	sabe	conoce
nosotros	sabemos	conocemos
vosotros	sabéis	conocéis
ellos/ellas/ustedes	saben	conocen

一人称単数形が特殊な形になります。

114

文法と用例・覚えておきたいこと

【saber の用法】
● 知識として何かを知っている・何かのやり方がわかる

疑問詞・動詞の原形・知識に関する名詞を従えます。

 No sé dónde está su casa. 彼の家がどこにあるか私は知らない。
 Ella sabe bailar flamenco. 彼女はフラメンコが踊れる。(踊り方を知っている)
 Nosotros sabemos inglés. 私達は英語がわかる。

【conocer の用法】
● 見たり、聞いたり、体験したりして何かを知る・知っている

 Ya conocemos Nara. もう私達は奈良を知っている。(行ったことがある)
 ¿Usted conoce a mi tío Pepe? あなたは私の叔父のペペを知っていますか？
 Sí. はい。

● **saber と conocer の比較**

 町で見かけた人物を指し、¿Sabes su nombre? と尋ねた場合、「あの人が何と言う名前か知ってる？」の意味です。Sí, sé su nombre. と答えれば、「うん。彼がなんと言う名前か知っている。」と言っています。一方、Mira, aquel señor es Alagna.(テノール歌手) ほら、あの人、アラーニャだよ。¿Conoces su nombre? と尋ねた場合、「彼の名前を聞いたことがあるかい？」の意味です。Sí, conozco su nombre. と答えれば、「うん。彼の名前を聞いたことがある」になります。saber は、「彼の名前」を知識として知っている、conocer は耳で聞くという体験を通して知っている、というわけです。

Poco a Poco　役立つ一言

早く　temprano (早い時間に)　　遅く　tarde (遅い時間に・遅れて)
前に　antes　　後で　después　　まだ　todavía
もう　ya　　すぐに　pronto (soon／quickly)

「を格」3人称　　　　　　　　　　　CD 31

¿Conoces a Javier?　　ハヴィエルを知ってるかい？
Sí, lo conozco.　　　　うん。（彼を）知ってるよ。

¿Compra usted estos pantalones?
　　　　　　　　　　　あなたはこのズボンを買いますか？
Sí, los compro.　　　　はい。（それを）買います。

¿Ves la telenovela los sábados?
　　　　　　　　　　　毎週土曜日、例のテレビドラマを見ているの？
Claro, la veo.　　　　　もちろん（それを）見ているわ。
　　　　　　　　　　　　　　　ves/veo ☞ P.156

上の例文に答える時、日本語では「彼を・それを」を繰り返しませんが、スペイン語では、繰り返すのが自然です。そして「Javier/estos pantalones/la telenovela」に代えて、「を格」を用い、名詞の繰り返しを避けます。

文法と用例・覚えておきたいこと

を格（3人称）

それ（男性単数のもの）を	lo
彼を/あなた（男性）を	lo/le
それ（女性単数のもの）を	la
彼女を/あなた（女性）を	la
それら（男性複数のもの）を	los
彼らを/あなた達（男性）を	los/les
それら（女性複数のもの）を	las
彼女達を/あなた達（女性）を	las

＊「彼を」「彼らを」には [lo/le] [los/les] の2種類があり、どちらを使っても構いません。

¿Conocen ustedes ya Kioto?
　　あなた方はもう京都に行かれましたか？
No, todavía no lo conocemos.
　　いいえ。まだ行っていません。

¿Esperas a Isabel?　イサベルを待ってる？
Sí, la espero.　　　ああ、（彼女を）待ってるよ。

¡Vamos a Practicar !

(1) 日本語を参考にして（　）内に saber か conocer を適切な形にし、入れましょう。

① 私はその金髪の女の子を知っている。

　　Yo（　　　　　　　　）a esa chica rubia（金髪の）.

② 私の母はスペイン料理の作り方がわかります。

　　Mi madre（　　　　）cocinar la comida española.

③ あなたたちはセルバンテスを知っていますか？

　　¿（　　　　　　　）ustedes a Cervantes?

④ 私たちはホセのお母さんを知らない。

　　Nosotros no（　　　　　　　）a la madre de José.

⑤ 君はフランス語がわかりますか？

　　¿（　　　　　　　）tú francés?

⑥ 私の妹と私はパリに行ったことがある。

　　Mi hermana y yo（　　　　　　　）París.

¡Vamos a Practicar!

(2) （ ）に適切な「を格」を入れましょう。

① Esperamos a Marisa. ⇨ (　　　　) esperamos.

② Ellos compran la casa en Granada.

　　⇨ Ellos (　　　　) compran en Granada.

③ ¿Conoces a Jaime? ⇨ Sí (　　　　) conozco.

④ Vosotros conocéis Madrid. ⇨ (　　　　) conocéis.

⑤ Mis hijos aprenden japonés. ⇨ Mis hijos (　　　　) aprenden.

(3) 次のイラストの名称を定冠詞をつけてスペイン語で書いてみよう。（定冠詞をつけて下さい。）

① _____

② _____

③ _____

④ ワイン _____

⑤ 地図 _____

第23課　接続詞 que と si　　CD 32

No sé si ella me quiere.　　彼女が私を好きかどうかわからない。

この課の基本例文

Creo que hace frío en Los Andes.
　　　　　　　　　私はアンデス山脈は寒いと思う。
No sé si ella me quiere.　　彼女が私を好きかどうかわからない。
Si hay buenos, hay malos.　善人がいれば、悪人もいる。
Si tiene usted prisa, tomamos un taxi.
　　　　　　　　　あなたがお急ぎならタクシーに乗りましょう。
Parece que el director está ocupado.
　　　　　　　　　部長は忙しいらしい。

文法と用例・覚えておきたいこと

【que の用法】

● que〜は［(〜という) こと］を表します。

文中で［que〜］は動詞の直接目的語や主語になります。

〈囲み部分は直接目的語〉

Yo sé la verdad.　　　私は 真実 を知っている。

Yo sé que María no es de aquí .

　　　　　　　私は マリアがここの出身でないこと を知っている。

〈囲み部分は主語〉

Es cierto su éxito.　　 彼の成功 は確かである。

Es cierto que María no es de aquí .

　　　　　　　 マリアがここの出身でないこと は確かである。

● que と共に使われる動詞

　　creer（思う）　　oír（聞く）　　parecer（〜のように見える）など

Creo que hoy él no bebe.

　　私は今日彼は飲まないと思う。

Parece que estoy resfriado.

　　僕は風邪をひいたようだ。

　　＊parecer の文では、「que〜」が文の主語なので、いつも parece（3人称・単数）です。

【si の用法】

● 「〜かどうか」

No sé si el Sr. Sánchez sabe japonés.

　　サンチェスさんが日本語がわかるかどうか私は知らない。

Él siempre me pregunta si estoy aburrida.

　　彼はいつも私に退屈かどうか聞く。　　me ☞ P.130

● 「もし〜ならば」

Si tienes sed, tomamos cerveza.
　　　　　　（もし）君が喉が乾いているなら、ビールを飲みましょう。

Si bebo tequila, siempre tengo dolor de cabeza.
　　　　　　テキーラを飲むと、私はいつも頭が痛くなります。

Poco a Poco 役立つ一言

そう思います。	Creo que sí.
違うと思います。	Creo que no.
覚えていません。	No me acuerdo.
知りません。	No sé.

¡Vamos a Practicar !

(1) スペイン語に訳しましょう。

① 彼がルシア（Lucía）のことを愛しているのは確かだよ。

訳：＿＿＿＿＿＿＿＿＿＿＿＿＿＿＿＿＿＿＿＿＿＿＿＿＿＿＿＿＿＿＿＿＿

② 私は彼がスペインを旅するかどうか知らない。

訳：＿＿＿＿＿＿＿＿＿＿＿＿＿＿＿＿＿＿＿＿＿＿＿＿＿＿＿＿＿＿＿＿＿

③ 君はロサリオ（Rosario）がキューバ（Cuba）の出身かどうか知っている？

訳：＿＿＿＿＿＿＿＿＿＿＿＿＿＿＿＿＿＿＿＿＿＿＿＿＿＿＿＿＿＿＿＿＿

④ もし、（私達が）そのレストランで夕食をとるなら、予約しましょう。

訳：＿＿＿＿＿＿＿＿＿＿＿＿＿＿＿＿＿＿＿＿＿＿＿＿＿＿＿＿＿＿＿＿＿

⑤ 私はエンリケはイタリア人だと思う。

訳：＿＿＿＿＿＿＿＿＿＿＿＿＿＿＿＿＿＿＿＿＿＿＿＿＿＿＿＿＿＿＿＿＿

第24課　よく使う動詞 ir（行く）

CD 33

¿A dónde vas?　　どこへ行くの？

この課の基本例文

¿A dónde vas?　　　　　　　　どこへ行くの？
Voy al supermercado.　　　　　スーパーへ行くんだ。

Voy a mandar el paquete a Japón.
　　　　　　　　　　　　　　　私はこの小包を日本へ送るつもりだ。

Vamos a descansar un rato.　　少し休みましょう。

¿Vas en metro?　　　　　　　　地下鉄で行く？
No, voy en taxi.　　　　　　　いいえ、タクシーで行きます。

動詞の活用を聞いて覚える

	ir
yo	voy
tú	vas
él/ella/usted	va
nosotros	vamos
vosotros	vais
ellos/ellas/ustedes	van

＊英語の go に相当
＊特殊な不規則活用です。

文法と用例・覚えておきたいこと

● 「〜へ行く」
　¿A dónde van ustedes esta noche?　　　あなた達は今夜どこへ行きますか？
　Vamos al Teatro Nacional.　　　　　　国立劇場へ行きます。

● **ir＋a＋動詞の原形**「〜するところだ」（近い未来の事柄）
　Voy a llamar a mis tíos.　　　　　　　私は叔父夫婦に電話するところだ。

● **vamos＋a＋動詞の原形**　「〜しましょう」（勧誘 let's）
　Vamos a preguntar a esa señora.　　　　そのご婦人に聞いてみましょう。

● **ir＋en＋交通手段**「〜に乗って行く」（交通手段は無冠詞）
　Vamos en avión a París.　　　　　　　飛行機でパリへ行きましょう。
　＊autobús（バス）　　tren（電車）　　coche（車）　　barco（船）
　　a pie（歩いて）

● **ir** を用いた慣用表現
　ir de compras（買い物に行く）
　ir de viaje（旅行に行く）
　＊〜と一緒に　con＋〜
　　＜例外＞　私と一緒に　conmigo　　君と一緒に　contigo

第25課　よく使う動詞　venir（来る）　CD 34

¿A qué vienes a España?　　　スペインへ何をしに来たの？
Vengo a visitar el museo de Picasso.　ピカソ美術館を見に来たんだ。

この課の基本例文

¿A qué vienes a España?　　　スペインへ何をしに来たの？
Vengo a visitar el museo de Picasso.
　　　　　　　　　　　　　　　ピカソ美術館を見に来たんだ。

¿De dónde vienen ustedes?　　あなた達はどこから来たのですか？
Venimos de Tokio.　　　　　　（私達は）東京から来ました。

Vengo a denunciar el robo.　　盗難届を出しに来ました。

動詞の活用を聞いて覚える

	venir
yo	vengo
tú	vienes
él/ella/usted	viene
nosotros	venimos
vosotros	venís
ellos/ellas/ustedes	vienen

＊英語の come に相当。
＊太字部分がアクセントの位置。CDで確認しましょう。
＊1人称単数形は vengo になります。
＊下線部分は、querer と同じ変化をします。

文法と用例・覚えておきたいこと

● 「来る」

¿De dónde viene la postal?　　この絵葉書はどこから来たの？
Viene de Acapulco.　　　　　　アカプルコから。

＊日本語では「来た」と言いますが、スペイン語では現在形を用います。

● **venir＋a＋動詞の原形**　「〜しに来る・来た」

Mañana mi novio viene a buscarme.　　明日彼が私を迎えに来てくれます。
Venimos a solicitar el visado.　　　　　私達は、ビザの申請に来ました。

● **venir＋de＋動詞の原形**　「〜して来た」

Vengo de consultar al médico.　　医者に診てもらってきた。

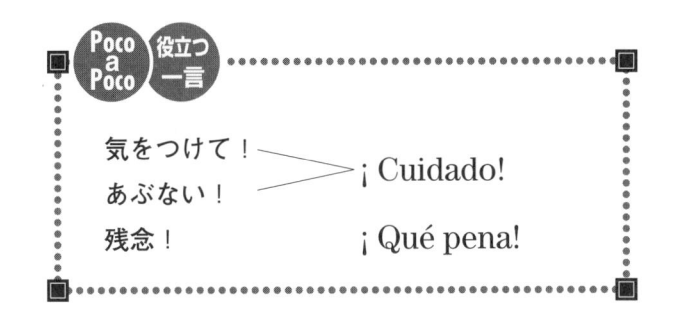

Poco a Poco 役立つ一言

気をつけて！ ┐
あぶない！　 ┼─ ¡Cuidado!
残念！　　　　　 ¡Qué pena!

127

¡Vamos a Practicar !

(1) (　) 内の動詞を適切な形にし、日本語に訳しましょう。

① Mi madre (ir ⇨ 　　　　　　　) al mercado. (市場)

訳：

② ¿De dónde (venir ⇨ 　　　　　　　) ellos?
　(venir ⇨ 　　　　　　　) de Cádiz.

訳：

訳：

③ Nosotros (ir ⇨ 　　　　　　　) de bares (飲みに行く)
　esta noche.

訳：

④ El padre de Jaime (venir ⇨ 　　　　　　　) del aeropuerto.

訳：

⑤ Mi hermana (ir ⇨ 　　　　　　　) en avión.

訳：

¡Vamos a Practicar !

(2) 次の文章を読んで質問に答えましょう。

María : ¿De dónde viene usted?

José : Vengo de Perú.

María : ¿A qué viene a Granada?

José : Vengo a visitar La Alhambra（アルハンブラ宮殿）.

María : Después（その後で）, ¿ a dónde va?

José : Voy a Santiago de Compostela pasado mañana.

María : ¿En qué va?

José : Voy en avión, ahora voy a llamar（電話をする）a la agencia de viajes.

質問　① ¿De dónde viene José?

答：_____

② ¿A qué viene José a Granada?

答：_____

③ ¿En qué va a Santiago de Compostela?

答：_____

④ ¿Cuándo va a Santiago de Compostela?

答：_____

⑤ ¿Qué va a hacer José ahora?

答：_____

「に格」(間接目的格代名詞) CD 35

Te compro un vestido elegante. 　君に素敵なドレスを買ってあげる。

¿Me escribes? 　私に手紙を書いてくれる？
Sí, te escribo. 　うん。(君に) 書くよ。

¿Nos abre la puerta, por favor? 　私たちにドアを開けてくれますか？
Claro. 　もちろんです。

¿Le envío a usted el catálogo? 　あなたにカタログをお送りしましょうか？
Sí, por favor. 　はい、お願いします。

に格 (1人称・2人称)

私に	me
君に	te
私達に	nos
君達に	os

* 「に格」は活用している動詞の前に入れます。　¿<u>Me</u> escribes?
* 否定を表す [no] は「に格」の前に入れます。　¿<u>No me</u> escribes?

に格（3人称）

彼に/あなた（男性）に	le
それ（男性単数のもの）に	le
彼女に/あなた（女性）に	le
それ（女性単数のもの）に	le
彼らに/あなた達（男性）に	les
それら（男性複数のもの）に	les
彼女達に/あなた達（女性）に	les
それら（女性複数のもの）に	les

¿Le traigo a usted la manta de viaje?　　ひざ掛けをお持ちしましょうか？
Sí, por favor.　　　　はい。お願いします。　　　　　　traigo ☞ P.178

　　　　＊a usted：leの内容をはっきりさせるため、間接目的語［a usted］
　　　　を繰り返すのが自然です。

¿Me habla usted despacio?　　私にゆっくり話してくれますか？
Nos reparten revistas.　　　　私達に雑誌が配られる。

　　　　　　　　　　　　　　　　＊reparten（repartir）☞ 無人称表現

¿Le enseño a usted la ciudad?　　あなたに町をご案内しましょうか？

今日の単語帳［建物］

博物館	museo (m)	映画館	cine (m)
駅	estación (f)	動物園	zoo (m)
劇場	teatro (m)	郵便局	Correos (m)
教会	iglesia (f)	大使館	embajada (f)
遊園地	parque de atracciones (m)		

¡Vamos a Practicar !

(1) 下線部を「に格」に直し、質問に答えましょう。

例：¿Escribes a nosotros?　　Sí, os escribo.

① ¿Envía（送る）tu madre los libros a Jaime?
No, _____

② ¿Compras un vestido（ドレス）a tu hija?
Sí, _____

③ ¿Enseña usted a ellos la universidad?
Sí, _____

④ ¿Abrís la puerta a nosotros?
Sí, _____

今日の単語帳 [郵便]

速 達	expreso (*m*)
航空書簡	aerograma (*m*)
ポスト	buzón (*m*)
切 手	sello (*m*)
郵便番号	código postal (*m*)

第26課　よく使う動詞 gustar（〜が好き）　CD 36

¿Te gusta el fútbol?　　君、サッカー好き？
Sí, me gusta mucho.　　うん。大好きだよ。

この課の基本例文

Me gusta el baile flamenco.　　私はフラメンコが好きです。

Nos gustan los deportes.　　私達はスポーツが好きです。

¿Te gusta el fútbol?　　君、サッカー好き？
Sí, me gusta mucho.　　うん。大好きだよ。

No me gustan los toros.　　私は闘牛は好きではない。

【gustar に似た動詞】
Me interesa Méjico.　　私はメキシコに興味がある。

Nos parece bien el tour.　　私達はこのツアーがよいと思う。

Me falta el cuchillo.　　ナイフが足りません。

¿Te duelen las muelas?　　君、歯が痛いの？
Sí, me duelen mucho.　　ええ、とても。

¿Les interesa a ustedes comer?
　　あなた達、食べることに興味をお持ちですか？
Sí, nos interesa.　　はい、興味があります。

文法と用例・覚えておきたいこと

君はサッカーが好き → サッカーが　君に　気に入る
　　　　　　　　　　　↓　　　　　↓　　　↓
　　　　　　　　　 El fútbol　　te　　gusta

に格	gustar (気に入る)	主語 (〜が)
me (私に)	gusta	el fútbol
te (君に)		dormir →①
le (彼に・彼女に・あなたに)		bailar y cantar →②
nos (私達に)	gustan	los deportes
os (君達に)		
les (彼らに・彼女達に・あなた達に)		

◎ **[le/ les]** が誰を指すのかはっきりしない時、**a él/a usted...** などを付けます。

　A ella le gusta la música.　　　彼女は音楽が好きです。
　A usted le gusta la música.　　あなたは音楽が好きです。
　A ellos les gusta la música.　　彼らは音楽が好きです。

◎ **「(〜すること)が好き」と言いたい時、動詞の原形が主語になります。**→ 例文①
　動詞の原形がいくつあっても、動詞は常に3人称単数形です。→ 例文②
　A Inés y a Isabel les gusta ir de compras y charlar.
　　　　イネスとイサベルは買い物に行くことと、おしゃべりすることが好きです。

◎ **主語が人の時、「気が合う」の意味になります。**
　「愛している」場合は [querer/amar] を使って表現します。
　Nos gusta la profesora Santander.
　　　　　　　私達はサンタンデール先生を気に入っています。
　Te quiero.　　　君を愛している。

文法と用例・覚えておきたいこと

gustar に似た動詞

interesar	(〜が興味を起こさせる)
parecer	(〜のように思える)
faltar	(〜が足りない)
doler	(〜が痛む) ☞ P.150 poderと同じ活用をする動詞
pasar	(〜が起きる)

下線の名詞が文の主語です

Nos interesa mucho esa película mejicana.

　　　私達はそのメキシコ映画に興味を持っている。
　　　（そのメキシコ映画は私達に興味を起こさせる。）

Me parece aburrida la película.

私はその映画が退屈に思える。（その映画は私に退屈に思える。）

　　　＊aburrida（退屈な）は主語の内容を説明する形容詞です。
　　　主語の性と数に一致します。主語→la película＝女性単数名詞→aburrida

¿Te falta un tenedor?	フォークが足りないの？
No, me falta una cuchara.	いいえ、スプーンが足りないの。
¿Qué te duele?	どこが痛いの？（何が君に痛むのか？）
Me duelen los pies.	足が痛いんです。（足が私に痛みます。）
¿Qué te pasa?	どうしたの？（何が君に起きているのか？）
Me pican los ojos.	目がかゆいんだ。

¡Vamos a Practicar !

(1) 日本語を参考に [ ] に「に格」を入れ、( ) 内の動詞を適切な形にしましょう。

① 私は動物が好きです。

　　　[　　　] (gustar ⇨　　　　　　　　) los animales.

② 彼らは食べるのが好きです。

　　　[　　　] (gustar ⇨　　　　　　　　) comer.

③ 私たちは、日本の芸術に興味があります。

　　　[　　　] (interesar ⇨　　　　　　　　) el arte japonés.

④ 君は歯が痛くないの？

　　　¿No [　　　] (doler ⇨　　　　　　　　) las muelas?

⑤ 君たちは言葉が足りない。

　　　[　　　] (faltar ⇨　　　　　　　　) las palabras.

¡Vamos a Practicar !

(2) スペイン語にしましょう。
① カルロスは音楽が好きです。
_____

② あなたは旅行をするのが好きですか？
_____

③ 私の祖父は、闘牛（los toros）に興味がありません。
_____

④ 君は足が痛いの？
_____

⑤ 私はその本がおもしろいと思える。
_____

¡Vamos a Practicar!

(3) 次の文章の主語をスペイン語で書いて、全文を訳しましょう。

① ¿No les gusta a ustedes la música española?

　　主語 ⇨ _____

　訳：_____

② Te gusta jugar al baloncesto (バスケットボール).

　　主語 ⇨ _____　　　jugar ☞ P.154

　訳：_____

③ Me duele mucho la cabeza. (duele→dolerの3人称・単数形)

　　主語 ⇨ _____

　訳：_____

④ A María le interesa el teatro español.

　　主語 ⇨ _____

　訳：_____

⑤ Nos falta el sacacorchos (栓抜き).

　　主語 ⇨ _____

　訳：_____

100からの数を覚えましょう　　CD 37

100	cien	1.000	mil
101	ciento uno	2.000	dos mil
111	ciento once	10.000	diez mil
200	doscientos	100.000	cien mil
300	trescientos	1.000.000	un millón
400	cuatrocientos	2.000.000	dos millones
500	quinientos		
600	seiscientos		
700	setecientos		
800	ochocientos		
900	novecientos		

◈ちょうど100は cien です。101からは ciento uno / ciento dos... となります。

◈200 / 300 / 400 / 500 / 600 / 700 / 800 / 900 ＋女性名詞の時、これらの数は女性形に変化します。

| 200 pesetas | doscient<u>as</u> pesetas | 200ペセタ |
| 351 mujeres | trescient<u>as</u> cincuenta y una mujeres | 351人の女性 |

◈3桁ごとに「.」を付けます → 100.000.000

◈mil は複数になりませんが、millón は複数になります。

| 12.000 euros | doce mil euros | 1万2千ユーロ |
| 4.000.000 yenes | cuatro millones de yenes | 400万円 |

＊ちょうど〜百万＋名詞の時、〜百万＋de＋名詞となります。

¡Vamos a Practicar !

次のスペイン史年表の数字をスペイン語で書いてみましょう。

①	711	イスラムの侵入、西ゴート王国の崩壊
②	1492	イサベル、フェルナンド両王がグラナダ王国征服、レコンキスタ終了 コロンブス、サン・サルバドル島に到着
③	1561	フェリペ2世、マドリードを首都にする
④	1584	天正少年使節、フェリペ2世に拝謁
⑤	1605	ドン・キホーテ前篇刊行
⑥	1648	スペイン、オランダの独立を承認
⑦	1700	ハプスブルク朝断絶、ブルボン朝始まる
⑧	1882	ガウディのサグラダ・ファミリア教会着工
⑨	1975	フランコ、死去。国王ファン・カルロスⅠ世即位
⑩	1992	バルセロナオリンピック

①
②
③
④
⑤
⑥
⑦
⑧
⑨
⑩

第27課　よく使う動詞 dar（与える）と dejar（置いておく・貸す・預ける）

CD 38

¿Me da usted el folleto?　　案内書をくださいますか？

この課の基本例文

¿Me da usted el folleto?	案内書をくださいますか？
¡Cómo no!	もちろんです。
¿Puede darme un poco más de vino?	もうすこしワインをくれませんか？
Ahora mismo.	すぐに。
Voy a dejar mi coche en la calle.	通りに車を置いておくつもりだ。
¿Le dejo mi paraguas?	私の傘をお貸ししましょうか？
Gracias. Muy amable.	ご親切に。ありがとう。

動詞の活用を聞いて覚える

	dar	dejar
yo	doy	dejo
tú	das	dejas
él/ella/usted	da	deja
nosotros	damos	dejamos
vosotros	dais	dejáis
ellos/ellas/ustedes	dan	dejan

＊dar 英語の give に相当。1人称単数形のみが不規則です。
＊dejar 規則動詞です。

文法と用例・覚えておきたいこと

【dar の用法】

◎ 「与える」

　　Te doy cinco mil yenes.　　　　　君に5千円あげよう。

◎ 「（パーティーなどを）催す」

　　Damos una fiesta este fin de semana. ¿Puedes venir?
　　　　今週末パーティーをするの。　　来られる？

　　Con mucho gusto.　　　　　　　喜んで。

◎ **dar＋a〜**　「〜に面している」

　　Mi habitación da al sur.　　　　　私の部屋は南向きだ。

【dejar の用法】

◎ 「置いておく」

　　Puedes dejar los documentos aquí.　　君はここに書類を置いていいよ。

◎ 「貸す」

　　¿Me dejas diez mil yenes?　　　　私に1万円貸してくれる？

　　Lo siento, no los tengo ahora.　　　悪いけど、今持っていない。

◎ 「預ける」

　　¿Puedo dejarte mi gato durante mi viaje?
　　　　旅の間、私の猫を君に預けてもいいかしら？

◎ **dejar＋a＋人＋動詞の原形**　「〜に〜させる（やりたいと望むことをさせる）」（許可／放任）

　　Mi padre me deja ir a España.　　父は私をスペインへ行かせてくれる。

　　Yo dejo a mi hijo ir a España.　　私は息子をスペインに行かせる。

　　　　　　＊〜に：「に格」は動詞の前に、「a＋人」は動詞の後ろに入れます。

◎ **dejar＋de＋動詞の原形**　「〜するのをやめる」

　　Mi marido no deja de fumar.　　　夫はタバコをやめない。

「を格」と「に格」　　　　　　　　　　CD 39

¿Me dejas tu coche?　　　　僕に君の車を貸してくれる？
Sí, te lo dejo.　　　　　　　いいよ。（君にそれを貸すよ。）

¿Compra usted un pañuelo a su hija?
　　　　　　　　　　　　あなたはお嬢さんにハンカチをお買いになりますか？
Sí, se lo compro.　　　　　　はい。（彼女にそれを買います。）

¿Me enseñas la ciudad?　　　君、私に町を案内してくれる？
Claro. Te la enseño.　　　　　もちろん。（君にそれを案内する。）

今日の単語帳 [季節と方角]

春	primavera (*f*)		東	este (*m*)
夏	verano (*m*)		西	oeste (*m*)
秋	otoño (*m*)		南	sur (*m*)
冬	invierno (*m*)		北	norte (*m*)

文法と用例・覚えておきたいこと

◉ 文中に「を格」「に格」両方が入る時の語順

(主語) + (no) + 「に格」+「を格」+ 動詞

Él enseña el español a nosotros.　　彼は 私達に スペイン語を 教える。
　　　　　(を格)　　　(に格)
　　　　　　↓　　　　　↓
　　　　　　lo　　　　nos

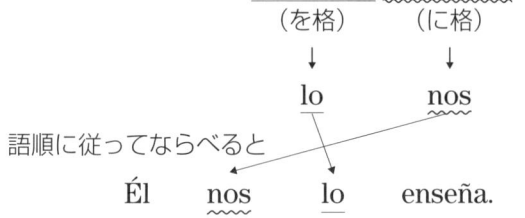

語順に従ってならべると
　　　Él　　nos　　lo　　enseña.　　彼は 私達に それを 教える。

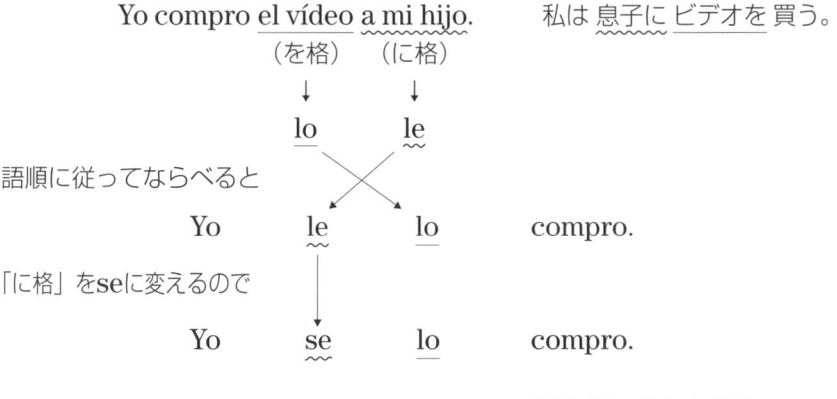

◉ 「を格」[lo(le)/la/los(les)/las]と、「に格」[le/les]が1つの文に入る時、[le/les]を[se]に変えます。

Yo compro el vídeo a mi hijo.　　私は 息子に ビデオを 買う。
　　　　　(を格)　　(に格)
　　　　　　↓　　　　↓
　　　　　　lo　　　　le

語順に従ってならべると
　　　　Yo　　le　　lo　　compro.

「に格」をseに変えるので
　　　　Yo　　se　　lo　　compro.

　　　　　　　　　　　　　　　私は 彼に それを 買う。

文法と用例・覚えておきたいこと

◉ 「を格」「に格」を動詞の原形の後に付けて1語にすることもできます。

  Quiero comprar esa casa.   私はその家を買いたい。

   La quiero comprar.   （普通型）

   Quiero comprarla.   （原形のあと型）

  Puedo abrir la puerta a vosotros. 私は君達にドアを開けてあげられる。
      （を格） （に格）
       ↓   ↓
       la os

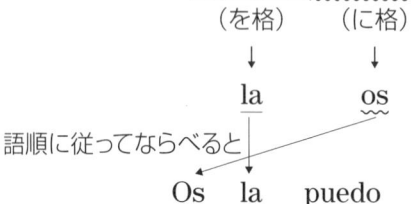

語順に従ってならべると

    Os la puedo abrir. 私は君達にそれを開けてあげられる。

原形のあと型にすると

    Puedo abrírosla.

原形のあと型は、動詞の原形のアクセントの位置にアクセント記号を付けます。

◉ 「に格」「を格」はバラバラにせず、いつも一緒に文中に置きます。

  誤り：Os puedo abrirla.

今日の単語帳 ［下着］

パンティー	bragas (f)	ブラジャー	sostenes (m)
パンティーストッキング	pantis (m)	トランクス	calzoncillos (m)
丸首シャツ	camiseta (f)	ソックス	calcetines (m)

¡Vamos a Practicar !

(1) 下線部を適切な「を格」「に格」に直し、（　）内に入れましょう。

① Teresa te deja un libro.

　⇨ Teresa te (　　　　　　　) deja.

② Compramos el regalo a Fernando.

　⇨ (　　　　　　) (　　　　　　　) compramos.

③ Carmen enseña las fotos a nosotros.

　⇨ Carmen (　　　　　　) (　　　　　　　) enseña.

④ Llevo una botella de vino a mi tío.

　⇨ (　　　　　　) (　　　　　　) llevo.

⑤ El profesor da la dirección a vosotros.

　⇨ El profesor (　　　　　　) (　　　　　　　) da.

¡まとめて Examen !

(1) (　) 内の動詞を適切な形にし、訳しましょう。

① ¿Me (dejar ⇨　　　　　　) (tú) tu libro?

訳：＿＿＿＿＿＿＿＿＿＿＿＿＿＿＿＿＿＿＿＿＿＿＿

② Enrique (dar ⇨　　　　　) el concierto de violín el próximo viernes.

訳：＿＿＿＿＿＿＿＿＿＿＿＿＿＿＿＿＿＿＿＿＿＿＿

③ (yo) Te (dar ⇨　　　　　) mil pesetas para comprar unos pasteles.

訳：＿＿＿＿＿＿＿＿＿＿＿＿＿＿＿＿＿＿＿＿＿＿＿

④ ¿Tu padre te (dejar ⇨　　　　　) estudiar en España?

訳：＿＿＿＿＿＿＿＿＿＿＿＿＿＿＿＿＿＿＿＿＿＿＿

⑤ (Nosotros) no (dejar ⇨　　　　　) de estudiar español.

訳：＿＿＿＿＿＿＿＿＿＿＿＿＿＿＿＿＿＿＿＿＿＿＿

(2) 次の質問に「を格」「に格」を使って答えましょう。

① ¿Quieres comprar un chalet（別荘）a tus padres?

Sí, _____

② ¿Me escribes una carta?

Sí, _____

③ ¿Nos prepara（準備する）la cena la madre?

Sí, _____

④ ¿Dejas el paraguas（傘）a Susana?

No, _____

⑤ ¿Das la comida a tu gato?

No, _____

第28課　よく使う動詞　poder（できる）

CD 40

¿Podemos sacar fotos?　写真を撮ってもいいですか？

この課の基本例文

¿Puedo fumar aquí?　　　　　　　　　タバコを吸ってもいいですか？
No. Está prohibido.　　　　　　　　　いいえ。禁止されています。

Puedes ir en metro al aeropuerto.　　君、空港まで地下鉄で行けるよ。

¿Podemos sacar fotos?　　　　　　　写真を撮ってもいいですか？
Sí, pero con flash, no.　　　　　　　ええ。でも、フラッシュはだめです。

【poderと同じ活用する動詞】
Yo cuento los números en español.　私はスペイン語で数を数えます。

¿A qué hora vuelves hoy?　　　　　　今日は何時に帰る？
Vuelvo a las nueve.　　　　　　　　　僕は9時に帰る。

No duermo bien por el calor.　　　　私は暑さでよく眠れません。

動詞の活用を聞いて覚える

	poder
yo	puedo
tú	puedes
él/ella/usted	puede
nosotros	podemos
vosotros	podéis
ellos/ellas/ustedes	pueden

＊語尾変化はer型規則動詞と同じです。
＊po- が pue-に変化する不規則動詞ですが、nosotros/vosotros は規則変化します。

文法と用例・覚えておきたいこと

● **poder＋動詞の原形** 「～することができる」

¿Podemos ir a pie hasta la terminal de autobús?
　　バスターミナルまで歩いて行くことはできますか？
No, está muy lejos.　　いいえ。とても遠いです。

Hoy no puedo nadar porque estoy resfriado.
　　今日は泳げない。風邪をひいているから。　　＊porque：なぜなら

● 「～してもよい」

¿Puedo dejar mi maleta allí?
　　あそこに私のスーツケースを置いてもいいですか？
Claro.　　もちろん。

● 「～かもしれない」

Él no puede estar en casa.　　彼は家にいないかもしれない。
Susana no puede venir hoy.　　スサーナは今日、来られないかもしれない。

● 疑問文で「丁寧な依頼」

¿Puede usted firmar aquí?　　ここにサインしていただけますか？
De acuerdo.　　わかりました。

¿Puedes esperar un poco más?　　もう少し待ってくれるかしら？
Vale.　　オーケー。

文法と用例・覚えておきたいこと

poder と同じ活用をする動詞

	contar （数える/物語る）	encontrar （見つける/出会う）	volver （帰る）	dormir （眠る）
yo	cuento	encuentro	vuelvo	duermo
tú	cuentas	encuentras	vuelves	duermes
él/ella/usted	cuenta	encuentra	vuelve	duerme
nosotros	contamos	encontramos	volvemos	dormimos
vosotros	contáis	encontráis	volvéis	dormís
ellos/ellas/ustedes	cuentan	encuentran	vuelven	duermen

＊語尾変化は ar 型・er 型・ir 型それぞれの規則動詞と同じです。

Él cuenta el dinero del bolsillo.
　　彼はポケットのお金を数えている。

¿Quiere usted contarme su viaje a Isla de Pascua?
　　私にイースター島の旅の話を聞かせてくれませんか？

Con mucho gusto.　　　　　　喜んで。

No encontramos la solución.　　解決策が見つかりません。

Ella duerme 8 horas siempre.　　彼女はいつも8時間眠る。

Quiero encontrar un OVNI.　　私はUFOに遭遇したい。

＊OVNI → objeto volante no identificado
　　　　　　　　飛行物体　　　未確認

¡Vamos a Practicar !

(1) 次の（　）内の動詞を適切な形にし、訳しましょう。

① ¿Tú（poder ⇨　　　　　　　）cerrar la ventana?

訳：

② Nosotros no（poder ⇨　　　　　　　）aparcar（駐車する）aquí.

訳：

③ Los domingos Ana（dormir ⇨　　　　　　　）hasta el mediodía.

訳：

④ Yo（volver ⇨　　　　　　　）a casa a las ocho.

訳：

⑤ ¿Ellos（encontrar ⇨　　　　　　　）el billete de avión?

訳：

第29課　よく使う動詞　jugar（遊ぶ）　CD 41

Mi amigo juega al fútbol.　友達はサッカーをしている。

この課の基本例文

Los niños juegan en el parque.　子供たちは公園で遊んでいる。

Mi amigo juega al fútbol.　友達はサッカーをしている。

動詞の活用を聞いて覚える

	jugar
yo	juego
tú	juegas
él/ella/usted	juega
nosotros	jugamos
vosotros	jugáis
ellos/ellas/ustedes	juegan

＊英語の play に相当。
＊語尾変化は ar 型規則動詞と同じです。
＊ju- が jue- に変化する不規則動詞（このように変化するのは jugar だけ）ですが、nosotros / vosotros は規則変化します。

文法と用例・覚えておきたいこと

◎ 「遊ぶ」

Vamos a jugar en casa.　　家の中で遊びましょう。

◎ **jugar＋a＋球技**　「プレーする」

Carmen y Ana juegan muy bien al tenis.
カルメンとアナはテニスが上手い。

＊al：☞ P72

```
┌─ 今日の単語帳［球技］─────────────────┐
```

バスケットボール	baloncesto (*m*)
野　球	béisbol (*m*)
サッカー	fútbol (*m*)
ピンポン	ping pong (*m*)
バレーボール	voleibol (*m*)

第30課　よく使う動詞　ver・mirar（見る）　CD 42

Él ve la televisión en la sala.　彼は居間でテレビを見ている。

この課の基本例文

Él ve la televisión en la sala.　彼は居間でテレビを見ている。

¿Ves al profesor hoy?　今日、先生に会う？
Hoy no, mañana.　いいえ、明日。

¡Mira, ahí está el molino de viento!
　　　　見てごらん。あそこに風車がある。
¿De veras?　本当？

＊Mira：命令形

動詞の活用を聞いて覚える

	ver	mirar
yo	veo	miro
tú	ves	miras
él/ella/usted	ve	mira
nosotros	vemos	miramos
vosotros	veis	miráis
ellos/ellas/ustedes	ven	miran

＊ver 1人称単数形のみが不規則です。
＊mirar は規則動詞です。

文法と用例・覚えておきたいこと

【ver の用法】

● 「漠然と見る・見える」

| Vemos la fiesta de la ciudad. | 町のお祭りを見ましょう。 |
| Él ve el monte Fuji por la ventana. | 彼は、窓越しに富士山を眺めている。 |

● 「〜に会う」

Esta tarde veo a Maribel.　　　　　私は、今日の午後マリベルに会う。

● 「分かる」

No veo la diferencia entre el original y la copia.
　　私は、本物と贋物の違いが分からない。

● ver＋a＋人＋動詞の原形　「〜が〜するのを見る」

Vemos a Ana pasear por el parque todas las tardes.
　　私たちは毎午後、アナが公園を散歩するのを見かけます。

【mirar の用法】

● 「注意力を働かせて見る・じっくり見る」

El profesor de arte mira el cuadro de Velázquez.
　　美術の先生はベラスケスの絵をじっくり見ている。

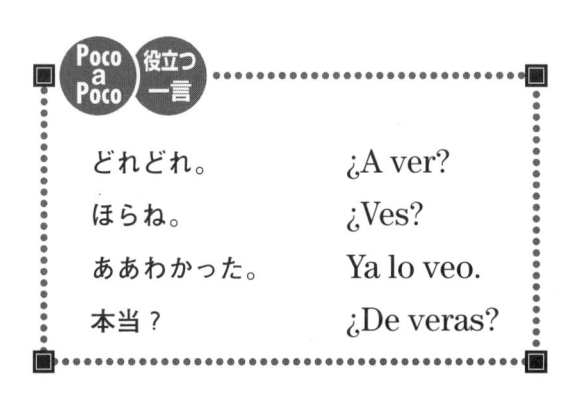

Poco a Poco 役立つ一言

どれどれ。	¿A ver?
ほらね。	¿Ves?
ああわかった。	Ya lo veo.
本当？	¿De veras?

¡Vamos a Practicar !

(1) 日本語を参考に（　）内に ver, mirar の活用形を入れましょう。

① ¿A qué hora （　　　　　　　　） a tu prima esta tarde?
君は今日の午後、何時にいとこに会うの？

② Él （　　　　　　　　） a esa chica guapa.
彼はその美人をじっと見ている。

③ María （　　　　　　　　） a ese chico entrar en la tienda.
マリアはその子がその店に入っていくのを見かける。

④ （　　　　　　　　） ese diccionario en la biblioteca.
私は図書館で、その辞書をじっくり見る。

⑤ No （　　　　　　　　） bien con las gafas.
このメガネでは、私はよく見えない。

¡Vamos a Practicar !

(2) (　) 内に適切な動詞の活用形を入れましょう。

① ¿Ves un árbol alto ahí?

　　Sí, lo (　　　　　　　) ahí.

② ¿Quién juega al tenis?

　　Mi hermano (　　　　　　　) al tenis.

③ ¿Cuándo veis al director de esa empresa?

　　Le (　　　　　　　) mañana.

④ ¿Quién juega en el parque?

　　Los niños (　　　　　　　) en el parque.

⑤ ¿Ahora miráis los documentos（書類）en la oficina?

　　No, no los (　　　　　　　) ahora.

第31課　よく使う動詞　hacer（する・作る）

CD 43

¿Qué hacemos hoy?　　今日何をしようか？

この課の基本例文

Yo hago deporte.	私はスポーツをしている。
¿Qué hacemos hoy?	今日何をしようか？
Vamos a nadar.	泳ぎに行きましょう。
Él hace la cerámica de Valencia.	彼はバレンシア陶器を作っている。
Su madre hace una tarta muy rica.	彼の母親は美味しいケーキを作る。
¿Qué tiempo hace hoy?	今日の天気はどうですか？
Hace buen tiempo.	よい天気です。

動詞の活用を聞いて覚える

	hacer
yo	hago
tú	haces
él/ella/usted	hace
nosotros	hacemos
vosotros	hacéis
ellos/ellas/ustedes	hacen

＊英語の do/make に相当。
＊1人称単数形のみが不規則です。

文法と用例・覚えておきたいこと

◎ 「する・作る」

El hace footing. 　　　　　　　　彼はジョギングをしている。

¿Hace usted la maleta hoy? 　　　あなたは荷造りを今日しますか？

　　　　　　　　　　　　　　　　　　　　＊hacer la maleta：荷造りする

Sí, la hago esta noche. 　　　　　　はい、今夜します。

◎ **hacer＋a＋人＋動詞の原形** 「〜に〜をさせる」（使役）

Mi padre hace a mi hermana aprender el piano.

　　父は姉にピアノを習わせている。

◎ **hacer＋期間＋que〜** 「〜前から（今までずっと）〜している」

Hace cinco meses que estudio español.

　　私は5ヶ月前からスペイン語を勉強している。

　　　　　　　　　　　　　　　　　　　＊hacer は常に3人称・単数形

◎ 天候には **hacer** を使います。

¿Qué tiempo hace hoy?

Hace	buen tiempo.	良い天気です。
	mal tiempo.	悪い天気です。
	viento.	風が吹いています。
	sol.	太陽が出ています（晴れている）。
	calor.	暑いです。
	frío.	寒いです。
	fresco.	涼しいです。

　　　　　　　　　　　　　　　　　　　＊hacer は常に3人称・単数形

文法と用例・覚えておきたいこと

その他の天候表現

Hay luna.	月が出ています。
Hay estrellas.	星が出ています。
Llueve.	雨が降る・降っています。

＊llueve（llover）常に3人称・単数形

Nieva.	雪が降る・降っています。

＊nieva（nevar）常に3人称・単数形

Está nublado.	曇っています。

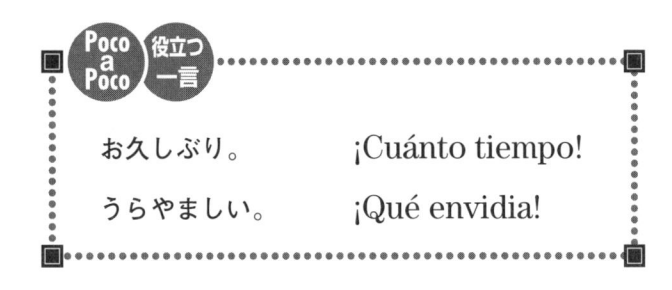

Poco a Poco 役立つ一言

お久しぶり。	¡Cuánto tiempo!
うらやましい。	¡Qué envidia!

¡Vamos a Practicar !

(1) 次の（ ）内に hacer を適切な形にして訳しましょう。

① Yo （　　　　　　　　） estudiar a mi hermana.

訳：

② Hoy （　　　　　　　　） mucho calor.

訳：

③ Nosotros （　　　　　　　　） una tarta（ケーキ）para el cumpleaños（誕生日）de Juan.

訳：

④ （　　　　　　　　） un año que no veo a Enrique.

訳：

⑤ ¿Cuándo （　　　　　　　　） tú la maleta?

訳：

第32課　よく使う動詞　salir（出る）

CD 44

¿A qué hora sale el tren para La Paz?
ラパス行きの汽車は何時に出ますか？

この課の基本例文

¿A qué hora sale el tren para La Paz?
　　　　　　　　　　　　　　　ラパス行きの汽車は何時に出ますか？

Sale a las doce y media.　　　12時半に出ます。

¿Sale usted de aquí mañana?　あなたは明日ここを出発なさいますか？
No, salgo pasado mañana.　　いいえ、明後日発ちます。

Hoy sale la noticia en el periódico.
　　　　　　　　　　　　　　　今日そのニュースは新聞に出ます。

動詞の活用を聞いて覚える

	salir
yo	**sal**go
tú	**sa**les
él/ella/usted	**sa**le
nosotros	sa**li**mos
vosotros	sa**lís**
ellos/ellas/ustedes	**sa**len

＊太字の部分がアクセントの位置。ＣＤで確認しましょう。
＊1人称単数形のみが不規則です。

文法と用例・覚えておきたいこと

「出る」
Vamos a salir al jardín. 　　　　　庭に出ましょう。
La revista sale los miércoles. 　　その雑誌は、毎週水曜日に出ます。

「写真に写る」
En la foto sale mi abuelo. 　　　　　この写真に祖父が写っています。
En las fotos siempre salgo mal. 　　私は、いつも写真写りが悪い。

salir+bien／mal　「うまくいく／失敗する」
El concierto va a salir bien. 　　　このコンサートはうまくいきそうだ。
La operación puede salir mal. 　　　手術は、失敗するかもしれない。

今日の単語帳 [反対語]

salida (f) 出発	⟷	llegada (f) 到着
salida 出口	⟷	entrada (f) 入口
salida del sol 日の出	⟷	puesta del sol (f) 日の入り
salidas（学生の）就職口・可能性		

第33課　よく使う動詞　poner（置く）

CD 45

¿Ponemos la música?　　音楽をかけましょうか？

この課の基本例文

Pongo azúcar en el café.　　私はコーヒーにお砂糖をいれます。

Vamos a poner la televisión.　　テレビをつけましょう。

¿Ponemos la música?　　音楽をかけましょうか？
Sí, gracias.　　ええ。ありがとう。

Ponen una película cubana en Tokio.
　　　　　　　　　　　　東京でキューバ映画が上映される。

動詞の活用を聞いて覚える

	poner
yo	pongo
tú	pones
él/ella/usted	pone
nosotros	ponemos
vosotros	ponéis
ellos/ellas/ustedes	ponen

＊1人称単数形のみが不規則です。

文法と用例・覚えておきたいこと

◎「置く・入れる」

¿Dónde pongo las flores?

　　花をどこへ置きましょうか？

En la mesa, por favor.

　　テーブルの上に、お願いします。

¿Pone usted leche en el café?

　　あなたはコーヒーにミルクを入れますか？

No, siempre tomo café solo.

　　いいえ。いつもブラックで飲みます。

◎「機械や器具を作動させる」

Pongo el despertador a las seis.

　　目覚まし時計を6時にセットします。

◎「上映・上演する」

Hoy ponen una película interesante en el Cine Paraíso.

　　今日、パラダイス映画館でおもしろい映画が上映される。

En el Liceu ponen ópera cada tres meses.

　　リセウ劇場では3ヶ月ごとにオペラが上演される。

　　　　　　　＊ponen：☞　無人称表現
　　　　　　　＊cada：～ごとに　英語の each, every に相当

¡Vamos a Practicar !

(1) (　) 内の動詞を適切な形にし、訳しましょう。

① Los niños (poner ⇨ 　　　　　　) la televisión por la tarde.

訳：

② ¿A qué hora (salir ⇨ 　　　　　　) tú de casa?

訳：

③ Esa noticia (salir ⇨ 　　　　　　) en el periódico.

訳：

④ ¿Cuántos tenedores (フォーク) (poner ⇨ 　　　　　　) yo en la mesa?

訳：

⑤ Esta tarde (poner ⇨ 　　　　　　) el partido (試合) de fútbol en Antena 3.

訳：

＊Antena 3→スペインのテレビ局の名前

¡Vamos a Practicar!

(2) poner, salir を使ってスペイン語に訳しましょう。

① 彼らはそのニュースを、聞くために（para escuchar la noticia）ラジオをつけます。

訳：＿＿＿＿＿＿＿＿＿＿＿＿＿＿＿＿＿＿＿＿＿＿＿＿＿＿＿＿

② ルシアは机の上に鍵（la llave）を置きます。

訳：＿＿＿＿＿＿＿＿＿＿＿＿＿＿＿＿＿＿＿＿＿＿＿＿＿＿＿＿

③ 明日、私は8時に家を出ます。

訳：＿＿＿＿＿＿＿＿＿＿＿＿＿＿＿＿＿＿＿＿＿＿＿＿＿＿＿＿

④ 私たちは今日の午後は家を出ない。

訳：＿＿＿＿＿＿＿＿＿＿＿＿＿＿＿＿＿＿＿＿＿＿＿＿＿＿＿＿

⑤ 君たちはこの絵（el cuadro）を居間（el salón）にかけるの？

訳：＿＿＿＿＿＿＿＿＿＿＿＿＿＿＿＿＿＿＿＿＿＿＿＿＿＿＿＿

第34課　よく使う動詞　pedir（求める・注文する）　CD 46

¿En qué puedo servirle?　　何のご用でしょうか？

この課の基本例文

¿Qué pides?　　　　　　　　　何を注文する？
Bueno... pido café con leche.　そうだねえ。カフェオレにするよ。

¿Repites la sopa?　　　　　　スープのおかわりをする？
No, gracias. Estoy llena.　　いいえ。おなかが一杯です。

¿En qué puedo servirle?　　　何のご用でしょうか？
Quiero ver aquella jarra.　　あの壺が見たいのですが。

動詞の活用を聞いて覚える

	pedir
yo	pido
tú	pides
él/ella/usted	pide
nosotros	pedimos
vosotros	pedís
ellos/ellas/ustedes	piden

＊語尾変化は ir 型規則動詞と同じです。
＊pe が pi に変化する不規則動詞ですが、nosotros/vosotros は規則変化します。

文法と用例・覚えておきたいこと

◎「求める」

Para entrar en la sala pedimos permiso.
　ホールに入るのに許可を求めましょう。

Esa señora pide socorro.
　その女性は助けを求めています。

◎「注文する」

Pedimos dos raciones de tortilla.
　私達は、ジャガイモのオムレツを2人前頼みます。

＊una ración 1人前

◎ pedir と同じ活用をする動詞

	repetir (繰り返す・おかわりする)	servir (役に立つ/料理を出す/サービスする)	elegir (選ぶ)
yo	repito	sirvo	elijo＊
tú	repites	sirves	eliges
él/ella/usted	repite	sirve	elige
nosotros	repetimos	servimos	elegimos
vosotros	repetís	servís	elegís
ellos/ellas/ustedes	repiten	sirven	eligen

＊eligo（エリゴ）と綴ると、原形の持つ [x] の音が消えてしまうので、elijoとします。

¿Repito el número de teléfono?　　　電話番号を繰り返しましょうか？
Sí, por favor.　　　　　　　　　　　はい。お願いします。

El camarero nos sirve vino de Rioja.
　給仕が私達にリオハのワインをサービスする。

¡Vamos a Practicar !

(1) pedir と同じ活用をする次の動詞の活用表を作りましょう。

	servir （役立つ／料理・飲み物などを出す）	repetir （繰り返す）
yo		
tú		
él/ella/usted		
nosotros		
vosotros		
ellos/ellas/ustedes		

(2) servir, repetir を使って次の文章をスペイン語にしましょう。

① この本は役に立つよ。

___

② 私は電話番号を繰り返します。

___

③ 今日パーティーで（en la fiesta）私たちはワインを出しましょうか？

___

¡Vamos a Practicar !

(3) (　) 内の動詞を適切な形にし、訳しましょう。

① Ese ordenador ya no （servir ⇨　　　　　　　　　）

訳：

② Ellos （elegir ⇨　　　　　　　　　） al señor Aznar presidente del Gobierno （首相）.

訳：

③ ¿Qué （pedir ⇨　　　　　　　　　） vosotros?

訳：

④ Mi abuelo （repetir ⇨　　　　　　　　　） las mismas （同じ） cosas （こと）.

訳：

⑤ ¿(yo) Te （君に） (servir ⇨　　　　　　　　　） un refresco （冷たい飲み物）?

訳：

☞ 上の文章の主語を変えて繰り返し練習しましょう。

第35課　よく使う動詞 oír（聞こえる）と decir（言う） CD 47

Oiga. La cuenta, por favor.　　あのちょっと…お勘定をお願いします。

この課の基本例文

Oiga. La cuenta, por favor.	あのちょっと…お勘定をお願いします。
Ahora mismo.	ただいま。
¿Me oyen todos?	皆さん、私の話が聞こえますか？
Perfectamente, señor.	よく聞こえます。
¿Ella dice que sí?	彼女は「オーケー」って言ってるの？
No, dice que no.	いいや。「ノー」と言ってる。

動詞の活用を聞いて覚える

	oír	decir
yo	oigo	digo
tú	oyes	dices
él/ella/usted	oye	dice
nosotros	oimos	decimos
vosotros	oís	decís
ellos/ellas/ustedes	oyen	dicen

*oír　英語の hear に相当。1人称単数形が oigo になります。
　　　その他の活用では、下線部分の y に注意しましょう。

*decir　英語の say に相当。1人称単数形が digo になります。
　　　その他の活用は pedir と同じです。

文法と用例・覚えておきたいこと

【oír の用法】

● 「聞こえる」

Desde abajo oimos una voz extraña.

下から、あやしい声が聞こえる。

● 「相手の注意をひく」

Oye, Maite, ¿puedes esperarme en la clase?

ねえマイテ、教室で私を待っていてくれる？

Oiga, ¿puede enseñarme esa corbata?

すみません。そのネクタイを見せてくれますか？

＊oye は親しい人物に対して、oiga はあまり親しくない人物に対して使います。
＊スペインでは、oiga は電話をかけたときの「もしもし」にも使います（電話を受けた方は diga）。

【decir の用法】

● 「言う」

¿Qué dice el periódico sobre la representación de ayer?

新聞は昨日の公演について何て言ってる？　　　　　＊sobre：～について

Habla bien.　誉めているよ。

● **decir+que ～**　「～と言っている」　　　　　　　☞ 接続詞

Él dice que hace buen tiempo.

彼は良い天気だと言っている。

Dicen que España es diferente.

スペインは変化に富んでいると言われている。　　＊dicen ☞ 無人称表現

¡Vamos a Practicar !

(1) ( ) 内に decir, oír を適切な形にし、訳しましょう。

① (電話をかけて…)

(　　　　　　　). Buenas tardes. Soy Ana. ¿Está María?

訳：＿＿＿＿＿＿＿＿＿＿＿＿＿＿＿＿＿＿＿＿＿＿＿＿＿＿

② El hombre del tiempo（天気予報士）(　　　　　　　)

que mañana hace mal tiempo.

訳：＿＿＿＿＿＿＿＿＿＿＿＿＿＿＿＿＿＿＿＿＿＿＿＿＿＿

③ (レストランでボーイさんに…)

(　　　　　　　). La cuenta, por favor.

訳：＿＿＿＿＿＿＿＿＿＿＿＿＿＿＿＿＿＿＿＿＿＿＿＿＿＿

④ Vosotros (　　　　　　　) que no, pero ellos

(　　　　　　　) que sí.

訳：＿＿＿＿＿＿＿＿＿＿＿＿＿＿＿＿＿＿＿＿＿＿＿＿＿＿

⑤ (友達の Norio と家にいて…)

(　　　　　　　), Norio. ¿No (　　　　　　　)

un ruido raro （妙な音）desde el jardín?

訳：＿＿＿＿＿＿＿＿＿＿＿＿＿＿＿＿＿＿＿＿＿＿＿＿＿＿

¡Vamos a Practicar !

(2) スペイン語に訳しましょう。

① あなた達は、私（の声）がよく聞こえますか？

訳：

② 日本人は、働きすぎだ（demasiado）と言われています。

訳：

③ (道で…)
　すみませんが、アトーチャ（Atocha）駅はどこにありますか？

訳：

④ 新聞はこの展覧会（la exposición）について何て言っている？

訳：

⑤ ママ、カルロスがお腹がすいたと言っているよ。

訳：

第36課　よく使う動詞　traer（持ってくる）と llevar（持っていく）　CD 48

¿Me trae la sal?　　私に塩を持ってきてくれますか。

この課の基本例文

Te traigo el CD nuevo.　　僕は君に新しいCDを持ってきてあげる。

¿Me trae la sal?　　私に塩を持ってきてくれますか。
Un momento, por favor.　　少々お待ちください。

Hoy te llevo el vídeo a tu casa.　　今日君の家に例のビデオを持って行くよ。

¿Cuánto tiempo lleva usted en Barcelona?
　　バルセローナに来てどのくらいですか？
Llevo tres días.　　3日です。

動詞の活用を聞いて覚える

	traer	llevar
yo	traigo	llevo
tú	traes	llevas
él/ella/usted	trae	lleva
nosotros	traemos	llevamos
vosotros	traéis	lleváis
ellos/ellas/ustedes	traen	llevan

＊traer は 1人称単数形のみが不規則です。
＊llevar は 規則動詞です。

文法と用例・覚えておきたいこと

【traer の用法】

◉ 「持ってくる」

¿A qué hora me traes el billete?

何時に切符を持ってきてくれる？

◉ 「連れてくる」

Papá, ¿puedo traer a mi amigo?

パパ、ボーイフレンドを連れてきてもいい？

【llevar の用法】

◉ 「持っていく」

¿Llevas el bañador al viaje?

旅行に水着を持っていく？

◉ 「連れて行く」

Por la tarde llevo a mi abuela a la clínica.

午後、おばあちゃんを診療所に連れて行く。

◉ 「身につけている」

La señora lleva un sombrero elegante y unos guantes blancos.

そのご婦人は優雅な帽子と白い手袋を身につけています。

◉ 「時間を過ごす」

¿Cuánto tiempo llevas en esa oficina?

この事務所に来てどのくらい？

Llevo un año en esa oficina.

一年です。

¡Vamos a Practicar !

(1) 以下の文章をスペイン語に訳しましょう。

① 今日の午後、私は息子を歯医者（el dentista）に連れていきます。

訳：

② 彼はトレド（Toledo）に住んで5年になります。

訳：

③ 私たちはあなたに花を持ってきましょう。

訳：

④ その女の子は赤い靴を履いています。

訳：

⑤ ロサリオ（Rosario）は何時に小包（el paquete）を持ってくるの？

訳：

第4章
上 級

第37課　無人称表現　　CD 49

¿Cómo se va a la estación?　駅へ行くにはどう行けばいいですか？

この課の基本例文

¿Se puede?＊	入ってもいいですか？
	＊ノックをして言う慣用表現です。
Sí, adelante.	はい、どうぞ。
Se come bien en España.	スペインでは食事は美味しい。
¿Cómo se va a la estación?	駅へ行くにはどう行けばいいですか？
Se va por esa calle.	その通りを通って行けます。

今月の単語帳［家族］

祖父	abuelo	祖母	abuela
義父	suegro	義母	suegra
従兄弟	primo	従姉妹	prima

文法と用例・覚えておきたいこと

主語がはっきりわからなかったり、あいまいにしておきたい場合に使います。

● **se＋3人称単数形の動詞　「人は（誰でも／一般的に）～する」**

一般的なこと・習慣に用います。se を主語とした文と考えると使いやすくなります。

Se vive muy bien aquí.

　　ここは住みやすい。（誰でもここによく住む。）

Se come mal en aquel restaurante.

　　あのレストランはまずい。（誰でもあのレストランで悪く食べる。）

¿Cómo se dice "hoy" en japonés?

　　日本語で"hoy"をなんと言いますか？

　　（誰でも日本語で"hoy"をなんと言いますか？）

Se dice「今日」en japonés.

　　（誰でも）「今日」と言います。

● **主語のない3人称複数形の動詞　「(誰と特定できない人達が)～する」**

En el canal 2 ponen una película interesante.

　　2チャンネルでおもしろい映画をやっている。

　　（テレビ局の人達が映画を上映している。）

Me piden el pasaporte.

　　私はパスポートの提示を求められている。

　　（税関の人達が私にパスポートの提示を求めている。）

Dicen que él deja de trabajar.

　　彼は仕事をやめるそうだ。

　　（誰と特定できない人達が、彼は仕事をやめると言っている。）

　　　　　　　　　　＊内容に合わせ、適切な無人称表現を用いましょう。

第38課　受身表現　CD 50

¿Dónde se venden camisetas?
どこでTシャツが売られていますか。

この課の基本例文

Se produce buen vino en Navarra.　　ナバーラではよいワインが生産される。

Se habla catalán en Cataluña.　　カタルニアではカタラン語が話されている。

¿Dónde se venden camisetas ?　　どこでTシャツが売られていますか。
En la planta baja.　　一階です。

今日の単語帳［アクセサリー］

指輪	anillo (*m*)	ブローチ	broche (*m*)
ネックレス	collar (*m*)	ブレスレッド	pulsera (*f*)
イヤリング・ピアス	pendientes (*m*)		

文法と用例・覚えておきたいこと

◉ポイント

se を受身のマークと考えましょう。

主語は常に 3 人称のもの・不特定の人で、特定の人を主語にすることはできません。そして主語は文末に置くのが自然です。

（No）＋ se ＋動詞(3人称単数／複数)＋主語

¿Cómo se hace el gazpacho?
　　ガスパチョはどのように作られますか？

Se hace con pepino, tomate, ajo, pan, vinagre y aceite.
　　きゅうり、トマト、にんにく、パン、酢とオリーブ油で作られます。

Se hablan inglés y español en California.
　　カリフォルニアでは英語とスペイン語が話されている。

Se necesitan tres cocineros en ese hotel.
　　そのホテルでは料理人が3名必要とされている。

Se busca una secretaria.
　　秘書1名求む。（秘書が1名求められている。）

¡Vamos a Practicar!

(1) 受身表現を使ってスペイン語にしてみましょう。

① バルセローナではカタラン語が話されています。

訳：

② そのワインはどこで売られていますか？

訳：

③ ヘレス・デ・ラ・フロンテーラ（Jerez de la Frontera）では美味しいシェリー酒（jerez）が生産されている。

訳：

④ ガリシア語（gallego）はどこで話されていますか？

訳：

⑤ 通訳（intérprete）2名求む。

訳：

¡Vamos a Practicar !

(2) 無人称表現を使ってスペイン語に訳しましょう。

① そのバスク料理（comida vasca）のレストランは美味しい。

訳：＿＿＿＿＿＿＿＿＿＿＿＿＿＿＿＿＿＿＿＿＿＿＿＿＿＿＿＿＿＿

② スペイン語で「映画」を何と言いますか？
"película" と言います。

訳：＿＿＿＿＿＿＿＿＿＿＿＿＿＿＿＿＿＿＿＿＿＿＿＿＿＿＿＿＿＿

③ 今年の夏は暑いそうだ。

訳：＿＿＿＿＿＿＿＿＿＿＿＿＿＿＿＿＿＿＿＿＿＿＿＿＿＿＿＿＿＿

④ サンタンデール（Santander）は住みやすいですか？

訳：＿＿＿＿＿＿＿＿＿＿＿＿＿＿＿＿＿＿＿＿＿＿＿＿＿＿＿＿＿＿

⑤ 国立劇場（el Teatro Nacional）でおもしろい劇（una obra）をやっている。

訳：＿＿＿＿＿＿＿＿＿＿＿＿＿＿＿＿＿＿＿＿＿＿＿＿＿＿＿＿＿＿

第39課　比較の表現　　CD 51

Tengo más dinero que tú.　　私は君よりお金を持っている。

この課の基本例文

Mi hermana viaja más que yo.　　妹は私よりよく旅に行っている。
Tengo más dinero que tú.　　私は君よりお金を持っている。
Estás más cansado que tu compañero.
　　　　　　　　　　　　　　君は同僚より疲れている。
Ella habla más despacio que yo.　　彼女は私よりゆっくりしゃべる。

【不規則な比較級】
Este vino es mejor que ése.　　このワインはそれより良い。
La sed es peor que el hambre.　　渇きは飢えより悪い。
Mi madre es mayor que mi padre.　　母は父より年上だ。
Soy menor que Pablo.　　私はパブロより若い。

文法と用例・覚えておきたいこと

比較の文の作り方（より多く〜／より多い〜を用いた形）

● 動詞の程度を比較する　**más que**

　　Yo como más que tú.　　　　　　　　　私は君よりよく食べる。
　　Mi hermano bebe más que mi padre.　　兄は父よりよく飲む。

● 名詞の数・量を比較する　**más＋名詞＋que**

　　Leo más libros que mi hermano.　　　　私は、兄よりたくさんの本を読む。
　　Visitamos más países que ustedes.　　　私達はあなた達より多くの国を訪れる。

● 形容詞の程度を比較する　**más＋形容詞＋que**

　　Ella es más guapa que su madre.　　　　彼女はお母さんより美人だ。
　　Mi oficina es más cómoda que tu oficina.　僕の事務所は君の事務所より居心地がいい。

● 副詞の程度を比較する　**más＋副詞＋que**

　　Ana sale de casa más temprano que su marido.　　アナは夫より早く家を出る。

文法と用例・覚えておきたいこと

形容詞	副詞	比較級（より～）
mucho	→	más
	mucho →	más
poco	→	menos
	poco →	menos
bueno	→	mejor (-es)
	bien →	mejor
malo	→	peor (-es)
	mal →	peor
grande	→	mayor (-es)→年上の
		más grande (-s)
pequeño	→	menor (-es)→年下の
		más pequeño (-s)

＊más grande, más pequeño は、具体的に大きさを比較する時に使います。

● **menos を用いた比較の文**

Yo como menos que tú.

　　私は君より少食だ。

Leo menos libros que mi hermano.

　　私は兄より本を読まない。　　　　　　　　＊訳し方：～より～ない（否定的に）

● **mejor / peor を用いた比較の文**

Ella cocina mejor que yo.

　　彼女は私より料理が上手だ。

Carmen conduce peor que Ana.

　　カルメンはアナより運転が下手だ。

文法と用例・覚えておきたいこと

● **mayor / menor** を用いた比較の文

Mi jefe es menor que mi padre.
　　私の上司は父より年下だ。

Nosotros somos mayores que aquellas chicas.
　　私達は、あの女の子達より年上です。

Mi habitación es más grande que ésta.
　　私の部屋はこれ（この部屋）より大きい。

Esta sandía es más pequeña que aquélla.
　　このスイカはあれより小さい。

¡まとめて Examen !

(1) 次の日本文に合わせ、( ) 内に適切な語を入れましょう。

①La vida es (　　　　　) cara en Tokio (　　　　　) en Madrid.

東京の生活はマドリードの生活より高い。

②Las sevillanas son (　　　　　) populares (　　　　　) el flamenco en España.

セビリャーナスはフラメンコよりもスペインでは一般的です。

③Mi primo come (　　　　　)(　　　　　) mi hermano mayor.

私の従兄弟は兄よりも少食です。

④Tú estás (　　　　　) ocupado (　　　　　) Carlos.

君はカルロスより忙しいよ。

⑤Ella corre (　　　　　) rápido (　　　　　) su hermano menor.

彼女は弟よりも速く走る。

(2) スペイン語にしましょう。

①アナは私より年上よ。

②このケーキ（pastel）はそれより美味しいわ。

③私の兄は、私より運転が下手（conducir mal）です。

④私のスペイン語の先生は、私より若い。

⑤彼の車は、私の車より大きい。

第40課　完了過去(点過去)の規則動詞　　CD 52

A las nueve salió el tren a Bilbao.
ビルバオ行きの汽車は9時に出た。

この課の基本例文

¿Dónde compraste ese monedero?
　　　　　　　　　　　　　そのお財布、どこで買ったの？
Lo compré en aquella tienda.　あの店で買ったわ。

Él bebió tres jarras de cerveza.　彼はジョッキ3杯のビールを飲んだ。

A las nueve salió el tren a Bilbao.　ビルバオ行きの汽車は9時に出た。

Ayer perdimos el avión a París.　昨日私達はパリ行きの飛行機に乗り遅れた。

Me robaron el bolso.　　　　　私はバッグを盗まれた。

主語	ar型活用語尾	comprar	er/ir型活用語尾	beber	salir
yo	-é	compré	-í	bebí	salí
tú	-aste	compraste	-iste	bebiste	saliste
él/ella/usted	-ó	compró	-ió	bebió	salió
nosotros	-amos	compramos	-imos	bebimos	salimos
vosotros	-asteis	comprasteis	-isteis	bebisteis	salisteis
ellos/ellas/ustedes	-aron	compraron	-ieron	bebieron	salieron

文法と用例・覚えておきたいこと

◎ 過去の事柄は「完了過去」「不完了過去→44課」の 2 種類で表現します。
この 2 種類の過去を状況に合わせ使い分けます。

◎ 完了過去の用法

① 過去に終わってしまった行為・動作　「〜した」

Nosotros vivimos 5 años en Chile.　私達は 5 年チリに住んだ。

② hace ＋ 期間 ＋ que ＋ 完了過去　「（今から数えて）〜前に〜した」

Hace tres meses que volví de Ecuador.
（今から数えて）3 ヶ月前に私はエクアドルから帰ってきました。

Hace dos días que compré este coche.
（今から数えて）2 日前に私はこの車を買いました。

Tres días antes de mi cumpleaños fui de viaje a Osaka.

誕生日の 3 日前に私は大阪へ旅に出た。

＊「ある時」から数えて「〜前」の場合は antes を用います。

Nosotros tomamos el té todos los días.

私達は毎日紅茶を飲んでいます。

Ayer nosotros tomamos vino español.

私達は昨日スペインワインを飲みました。

＊-ar 型と -ir 型の 1 人称複数形は、現在形と同じです。
＊ayer などの語や文脈で現在・過去を判断します。

文法と用例・覚えておきたいこと

● **1人称単数形の綴りに注意が必要な動詞**

① 語尾が -car で終わるもの

buscar（探す）→ yo busqué　sacar（とる）→ yo saqué

② 語尾が -gar で終わるもの

llegar（着く）→ yo llegué　pagar（払う）→ yo pagué

③ 語尾が -zar で終わるもの

comenzar（始まる）→ yo comencé

過去の時の表現

昨日	ayer	おととい	anteayer	昨夜	anoche
先週	la semana pasada			先月	el mes pasado
昨年	el año pasado			前の木曜日に	el jueves pasado

＊これらの表現に前置詞は不要です。

● **年・月には前置詞 en をつけます。**

en 2001　　　　2001年に / en dos mil uno

en septiembre　9月に

● **時刻には前置詞 a をつけます。**

a las 11　　　　11時に

¡Vamos a Practicar !

(1) 次の（　）内の動詞を完了過去にして訳しましょう。

① Ayer yo（comer ⇨　　　　　　　　　） en un restaurante italiano.

訳：_____

② Pablo（vivir ⇨　　　　　　　　） tres años en Osaka.

訳：_____

③ Nosotros（comprar ⇨　　　　　　　　） una casa en Madrid el mes pasado.

訳：_____

④ Hace una semana que mi hermano（volver ⇨　　　　　　　　） de Puerto Rico.

訳：_____

⑤ Anoche yo（beber ⇨　　　　　　　　） demasiado.

訳：_____

第41課　完了過去の不規則動詞 1　　CD 53

En la aduana no me pidieron el pasaporte.
私は税関でパスポートの提示を求められなかった。

この課の基本例文

Mi jefe no leyó mi recado.　　　　　上司は私の伝言を読まなかった。

¿Qué oyó usted ayer en el concierto?
　　　　　　　　　あなたは昨日コンサートで何を聞きましたか？

Oí unas piezas de Rodrigo.　　　　ロドリーゴの曲を聞きました。

En la aduana no me pidieron el pasaporte.
　　　　　　　　　私は税関でパスポートの提示を求められなかった。

¿Cuántas horas durmieron ellos ayer?
　　　　　　　　　彼らは昨日何時間眠りましたか？

Durmieron sólo cuatro horas.　　　　たった4時間です。

	leer (読む)	**pedir** (頼む)	**dormir** (眠る)
yo	leí	pedí	dormí
tú	leíste	pediste	dormiste
él/ella/usted	leyó	pidió	durmió
nosotros	leímos	pedimos	dormimos
vosotros	leísteis	pedisteis	dormisteis
ellos/ellas/ustedes	leyeron	pidieron	durmieron

＊3人称単数・複数の活用以外は規則変化です。

文法と用例・覚えておきたいこと

◉ [読む] タイプ

3人称単数・複数の語尾が -yó/-yeron となります (規則変化なら -ió/-ieron)。

同じタイプの動詞

　　　caer（落ちる）　　　cayó / cayeron
　　　oír（聞く/聞こえる）　oyó / oyeron
　　　creer（思う/信じる）　creyó / creyeron

　　La libreta cayó de la mesa.　メモ帳が机から落ちた。
　　Ellos no me oyeron.　彼らは私の言うことに耳をかさなかった。

◉ [頼む] タイプ

3人称単数・複数の活用で、語幹の「e」が「i」になります。

同じタイプの動詞

　　　repetir（繰り返す）　　repitió / repitieron
　　　sentir（感じる）　　　 sintió / sintieron
　　　servir（サービスする）　sirvió / sirvieron

　　Ella repitió su número de teléfono.　彼女は電話番号を繰り返した。
　　Los niños no sintieron frío.　　　　子供達は寒さを感じなかった。

◉ [眠る] タイプ

3人称単数・複数の活用で、語幹の「o」が「u」になります。

同じタイプの動詞

　　　morir（死ぬ）　　　　murió/murieron

　　Mi abuelo murió con ochenta y siete años.　祖父は87歳で亡くなった。

第42課　完了過去の不規則動詞 2　　CD 54

Estuve en casa anoche.　昨夜私は家にいた。

この課の基本例文

Estuve en casa anoche.	昨夜私は家にいた。
Dimos una vuelta por el parque.	私達は公園をひとまわりした。
El viaje fue estupendo.	旅は素晴らしかった。
Fuimos de viaje el mes pasado.	私達は先月旅に行った。

動詞の活用を聞いて覚える

	dar （与える）	**estar** （いる・ある）
yo	di	estuve
tú	diste	estuviste
él/ella/usted	dio	estuvo
nosotros	dimos	estuvimos
vosotros	disteis	estuvisteis
ellos/ellas/usted	dieron	estuvieron

文法と用例・覚えておきたいこと

◉ **ar** 型の不規則動詞はわずかです。**dar** と **estar** だけ覚えましょう。

No estuvimos en la oficina ayer.	私達は昨日、事務所にいなかった。
¿Dónde estuvo usted ayer?	あなたは昨日、どこにいましたか？
Estuve en el hotel.	ホテルにいました。
¿Qué te dieron tus amigos?	君の友人は何をくれたの？
Me dieron flores.	花をくれたわ。
Dieron la fiesta en la casa de Fernando.	パーティーはフェルナンドの家で行なわれた。

◉ **ser**（～である）と **ir**（行く）は、完了過去では全く同じ形で活用します。

	ser / ir
yo	fui
tú	fuiste
él/ella/usted	fue
nosotros	fuimos
vosotros	fuisteis
ellos/ellas/ustedes	fueron

＊ui/ue は、2 つの母音とも強く発音する感じです。

◉ どちらの過去かは、文脈で判断することができます。

Yo fui profesora de Matemáticas.	私は数学の先生でした。
Yo fui a Osaka en viaje de negocios.	私は仕事で大阪へ行きました。
¿A dónde fuiste anteayer?	君、おととい、どこへ行ったの？
Fui a la casa de mis padres.	実家へ行ったわ。
¿Qué tal fue la película?	その映画はどうだった？
Fue interesante.	おもしろかったよ。

¡Vamos a Practicar !

(1) (　) 内の動詞を完了過去に活用し、全文を書き換えましょう。

① Ayer vosotros （estar） en casa de mis abuelos.

_____

② Mi jefe no （decir） mentiras（うそ）.

_____

③ Hace una semana que mis padres （ir） a Venezuela.

_____

④ Ayer nosotros （dar） un paseo en bicicleta.

_____

⑤ Su padre （ser） médico.

_____

¡Vamos a Practicar!

(2) (　) 内の動詞を完了過去に活用し、全文を訳しましょう。

① Anoche yo (leer ⇨　　　　　　　) esta novela.

訳：

② Hace un mes que mis amigos (pedir ⇨　　　　　　　)
entradas para los toros a la agencia de viajes.

訳：

③ Anoche mis hijos (dormir ⇨　　　　　　　) bien.

訳：

④ Nosotros (sentir ⇨　　　　　　　) mucho la muerte de él.

訳：

⑤ Tú, ¿ no (oír ⇨　　　　　　　) un ruido extraño en el jardín?

訳：

第43課　完了過去の不規則動詞3　　CD 55

Hizo buen tiempo ayer.　　昨日はよい天気だった。

> **この課の基本例文**
>
> Dije la dirección a la agencia.　　私は、代理店に住所を言った。
>
> Tuvimos tiempo para ir al acuario.
>
> 　　私達は水族館に行く時間があった。
>
> Vine de casa en bici.　　私は家から自転車で来た。
>
> 　　＊bici：bicicleta（自転車）
>
> Ester pudo volver a casa temprano.
>
> 　　エステールは早く家に帰ることができた。
>
> 　　＊Ester：女性の名前
>
> Hizo buen tiempo ayer.　　昨日はよい天気だった。

文法と用例・覚えておきたいこと

◉ ポイント

語幹が変化する動詞です。

ここにとりあげた動詞だけ覚えましょう。

◉ 活用語尾：-e / -iste / -o / -imos / -isteis / -eron

	conducir （運転する）	**traer** （持ってくる）	**decir** （言う）
yo	conduje	traje	dije
tú	condujiste	trajiste	dijiste
él/ella/usted	condujo	trajo	dijo
nosotros	condujimos	trajimos	dijimos
vosotros	condujisteis	trajisteis	dijisteis
ellos/ellas/ustedes	condujeron	trajeron	dijeron

¿Quién condujo el coche? 　　誰が車を運転したの？
Yo lo conduje. 　　私です。

Ayer nos trajeron el televisor. 　　昨日テレビが届いた。　　☞ 無人称表現
No dije la verdad. 　　私は本当のことを言わなかった。

◉ 活用語尾：-e / -iste / -o / -imos / -isteis / -ieron

	poder （できる）	**poner** （置く）	**tener** （持つ）	**saber** （知る）
yo	pude	puse	tuve	supe
tú	pudiste	pusiste	tuviste	supiste
él/ella/usted	pudo	puso	tuvo	supo
nosotros	pudimos	pusimos	tuvimos	supimos
vosotros	pudisteis	pusisteis	tuvisteis	supisteis
ellos/ellas/ustedes	pudieron	pusieron	tuvieron	supieron

文法と用例・覚えておきたいこと

No pude terminar el trabajo. 　私はその仕事を終えられなかった。
Me puse la corbata azul ayer. 　私は昨日青いネクタイを締めた。
Tuvimos suerte. 　私達は運が良かった。
Él supo la noticia ayer. 　彼はそのニュースを昨日知った。

活用語尾：-e / -iste / -o / -imos / -isteis / -ieron

	venir （来る）	**hacer** （する/作る）	**querer** （欲しい）
yo	vine	hice	quise
tú	viniste	hiciste	quisiste
él/ella/usted	vino	hizo	quiso
nosotros	vinimos	hicimos	quisimos
vosotros	vinisteis	hicisteis	quisisteis
ellos/ellas/ustedes	vinieron	hicieron	quisieron

＊ hacer の3人称・単数形　hico ではなく hizo

¿Cómo vino usted de Londres? 　どうやってロンドンから来たのですか？
Vine en barco. 　船で来ました。

¿Qué hiciste el domingo pasado? 　先週の日曜日、何をしたの？
Fui a la montaña. 　山へ行った。

No quisimos salir de casa anoche. 　私達は昨晩、家から出たくなかった。

¡Vamos a Practicar !

(1) 次の文章に主語をつけて全文を訳しましょう。

① Hace dos meses que él condujo el coche amarillo.

訳：

② Anoche tuvimos una fiesta en el jardín.

訳：

③ Ellos vinieron de Portugal y trajeron unos dulces（菓子）típicos（代表的な）de ahí a Japón.

訳：

④ ¿Qué hiciste el sábado pasado?

訳：

　Hice una excursión（遠足）.

訳：

⑤ ¿Quisiste ir a Barcelona con tus padres?

訳：

第44課　不完了過去（線過去）　CD 56

Antes iba a la oficina en coche.
以前私は車で会社に行っていた。

この課の基本例文

Estaba muy cansada entonces.	私はその時とても疲れていたの。
De niño vivía cerca del mar.	子供の頃、僕は海のそばに住んでいた。
Mi abuela era encantadora.	祖母は素敵な人でした。
Antes iba a la oficina en coche.	以前、私は車で会社に行っていた。
A veces nos veíamos.	時々私達は会っていた。

☞ P.220

規則活用

主語	ar型 活用語尾	**estar** （ある・いる）	er / ir型 活用語尾	**entender** （理解する）	**recibir** （受け取る）
yo	-aba	est**a**ba	-ía	entend**í**a	recib**í**a
tú	-abas	est**a**bas	-ías	entend**í**as	recib**í**as
él/ella/usted	-aba	est**a**ba	-ía	entend**í**a	recib**í**a
nosotros	-ábamos	est**á**bamos	-íamos	entend**í**amos	recib**í**amos
vosotros	-abais	est**a**bais	-íais	entend**í**ais	recib**í**ais
ellos/ellas/ustedes	-aban	est**a**ban	-ían	entend**í**an	recib**í**an

＊er 型と ir 型の活用語尾は同じです。
＊太字の部分がアクセントの位置です。CDで確認しましょう。

文法と用例・覚えておきたいこと

Él aprendía francés de joven. 　　彼は若い頃フランス語を学んでいた。
Yo aprendía francés de joven. 　　私は若い頃フランス語を学んでいた。
＊一人称・単数と3人称・単数は同じ形です。文脈から主語が判断できない時は、主語を付けます。

不完了過去の用法

① （以前は）〜していた「過去の習慣」「過去に繰り返された動作や行為」

　　Antes yo salía de casa a las ocho. 　以前私は8時に家を出ていた。
　　Entonces él estudiaba diez horas todos los días.
　　　　　　　　　　　　　　　　　彼は当時、毎日10時間勉強していた。

② （その時）〜だった「過去の状態」

　　Entonces ella llevaba el vestido negro. 　その時彼女は黒いドレスを着ていた。
　　Antes había un pozo en mi jardín. 　以前私の庭に井戸があった。
　　Su familia vivía en Perú entonces. 　当時、彼の家族はペルーに住んでいた。
　　　　＊ただし、限定された過去の時を表す語句と共に用いるのは、完了過去です。
　　Su familia vivió en Perú 10 años. 　彼の家族は10年間ペルーに住んでいた。
　　（10年間住んでいたが今はもう住んでいない → 過去に終わってしまったこと）

③ 婉曲表現

　　¿Qué querían ustedes? 　　　　　　何のご用でしょうか？
　　Queríamos comprar cortinas para la casa.
　　　　　　　　　　　　　　　　　　家のカーテンを買いたいのですが。
　　　＊現在の事柄を丁寧に表現します。不完了過去を用いても、過去のことではありません。

過去の表現

以前	antes
その時・当時	entonces
あの時	en aquel tiempo
子供の頃	de pequeño/de niño（女性が言う場合は de pequeña/de niña）

不規則活用

不規則活用する動詞は3つです。

	ser (〜である)	**ver** (見る)	**ir** (行く)
yo	era	veía	iba
tú	eras	veías	ibas
él/ella/usted	era	veía	iba
nosotros	éramos	veíamos	íbamos
vosotros	erais	veíais	ibais
ellos/ellas/ustedes	eran	veían	iban

＊ser/irは共に最初の母音にアクセントがあります。

Entonces eran las nueve de la noche.　その時、夜の9時だった。

De niño veía a mi padre pintar.　子供の頃、父が絵を描くのを見ていた。

Antes él iba de bares más que yo.　以前彼は、私よりよく飲みに行っていた。

¡Vamos a Practicar !

(1) (　) 内の動詞を適切な形に活用し、訳しましょう。

① De niña mi madre（vivir ⇨ 　　　　　　　）en Londres.

訳：＿＿＿＿＿＿＿＿＿＿＿＿＿＿＿＿＿＿＿＿＿＿＿＿＿＿＿＿＿＿＿

② Antes mis padres（viajar ⇨ 　　　　　　　）mucho.

訳：＿＿＿＿＿＿＿＿＿＿＿＿＿＿＿＿＿＿＿＿＿＿＿＿＿＿＿＿＿＿＿

③ Mis padres me（entender ⇨ 　　　　　　）bien entonces.

訳：＿＿＿＿＿＿＿＿＿＿＿＿＿＿＿＿＿＿＿＿＿＿＿＿＿＿＿＿＿＿＿

④ En aquel tiempo, la vida de Tokio（ser ⇨ 　　　　　　　）
tranquila（静か）.

訳：＿＿＿＿＿＿＿＿＿＿＿＿＿＿＿＿＿＿＿＿＿＿＿＿＿＿＿＿＿＿＿

⑤ Antes yo（estudiar ⇨ 　　　　　　　）mucho.

訳：＿＿＿＿＿＿＿＿＿＿＿＿＿＿＿＿＿＿＿＿＿＿＿＿＿＿＿＿＿＿＿

¡ まとめて Examen !

(1) スペイン語にしましょう。

①私の祖父は、若い頃パリ（París）に住んでいました。

訳：

②そのバッグを見たいのですが。

訳：

③以前、ここには一本の大きな木（un árbol）があった。

訳：

④フェルナンド(Fernando)は、以前は彼女とよく会っていた。

訳：

⑤私の家族は、北海道に住んでいた。

訳：

(2) 次の文章を読んで質問に完全な文章で答えましょう。

　　Ayer vinieron mis amigos a casa. Se llaman Yutaka y Kaori. Ellos fueron de luna de miel a las Islas Canarias（カナリヤ諸島）．Hace dos semanas que ellos volvieron.

　　Nos trajeron las fotos del viaje. Anoche hizo buen tiempo y tomamos vino en el patio. Pasamos muy bien la noche.

① ¿Cuándo vinieron los amigos?

　答：_____

② ¿Cuándo volvieron Yutaka y Kaori a Japón?

　答：_____

③ ¿A dónde fueron ellos?

　答：_____

④ ¿Qué trajeron ellos?

　訳：_____

⑤ ¿Cómo pasaron la noche?

　訳：_____

第45課　代名動詞（再帰動詞）1［起きるタイプ］　CD 57

¿A qué hora se levanta usted?　あなたは何時に起きますか？

この課の基本例文

Me llamo Kaoru Miura.	私は三浦薫です。
¿A qué hora se levanta usted?	あなたは何時に起きますか？
Me levanto a las seis.	6時に起きます。
Me quedo con esto.	これを買います。
Quédese con la vuelta.	おつりは取っておいてください。

＊Quédese：命令形

再帰代名詞「se」（自分自身を・自分自身に、の意味を持つ代名詞）が付いた形で使われる動詞を「代名動詞」（再帰動詞）と言います。原形は levantarse（起きる/立ち上がる）、ponerse（着る）、irse（行ってしまう）、amarse（愛し合う）のように、動詞の後に se が付いた形をしています。このような動詞はスペイン語には大変多く見られます。
「se」は、人称によって、me/te/se/nos/os/se に変化し、活用した動詞の前に付きます。
代名動詞は4つ［①起きるタイプ］［②身につけるタイプ］［③おいとまするタイプ］［④お互いにタイプ］に分類することができます。

	levantarse（起きる）	**sentarse**（座る）
時制	現在形	完了過去
yo	me　levanto	me　senté
tú	te　lev**a**ntas	te　sent**a**ste
él/ella/usted	se　lev**a**nta	se　sent**ó**
nosotros	nos　levant**a**mos	nos　sent**a**mos
vosotros	os　levant**á**is	os　sent**a**steis
ellos/ellas/ustedes	se　lev**a**ntan	se　sent**a**ron

＊太字の部分がアクセントの位置です。CDでイントネーションを確認しましょう。
＊再帰代名詞には、アクセントはありません。

文法と用例・覚えておきたいこと

La madre se levanta a las siete.　　母親は 7 時に起きる。
Yo me senté en el tren.　　私は電車で座った。

◎ その他の［起きるタイプ］の動詞

acostarse（横たわる/床につく）

　　Me acuesto a las nueve.　　9 時に床につきます。

　　　　　　　　＊acostar：☞ poder と同じ活用をする動詞

llamarse（～という名前である）

　　Ella se llama Maribel.　　彼女はマリベルという名前です。

meterse（入る）

　　Él se metió en el cine.　　彼は映画館に入った。

casarse（結婚する）

　　Nos casamos en mayo.　　私達は5月に結婚します。

quedarse ＋ en（～にとどまる）

　　Me quedé en casa.　　私は家にとどまった。

　　＋ con（自分のものにする）

　　Él se quedó con mi vídeo.　　彼は私のビデオを持っていったままだ。

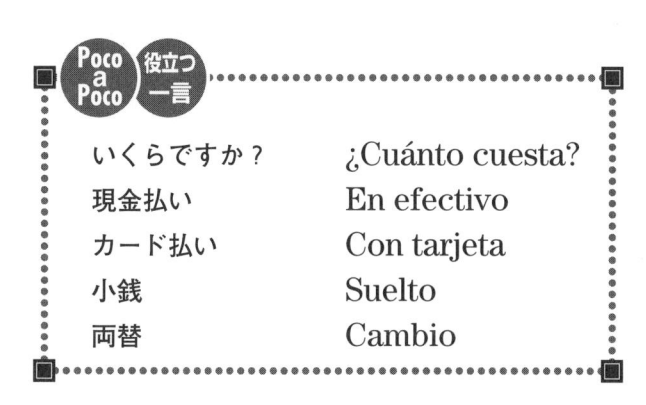

Poco a Poco　役立つ一言

日本語	スペイン語
いくらですか？	¿Cuánto cuesta?
現金払い	En efectivo
カード払い	Con tarjeta
小銭	Suelto
両替	Cambio

第46課　代名動詞 2 [身につけるタイプ]　　CD 58

Me lavo la cara con jabón.　　私は石鹸で顔を洗う。

この課の基本例文

Me lavo la cara con jabón.　　　　私は石鹸で顔を洗う。

¿No te pones la chaqueta?　　　　ジャケットを着ないの?
No, porque hace mucho calor.　　ええ。暑いから。

Él se quitó las gafas.　　　　　　　彼はめがねをはずした。

	ponerse la chaqueta（ジャケットを着る）	
	ponerse（着る）	直接目的語（ジャケットを）
yo	me p**o**ngo	la chaqueta
tú	te p**o**nes	la chaqueta
él/ella/usted	se p**o**ne	la chaqueta
nosotros	nos p**o**nemos	la chaqueta
vosotros	os p**o**néis	la chaqueta
ellos/ellas/ustedes	se p**o**nen	la chaqueta

＊太字の部分がアクセントの位置です。
　CDでイントネーションを確認しましょう。

文法と用例・覚えておきたいこと

● ポイント

直接目的語（〜を）が付きます。

直接目的語になるものは自分の体の一部や所有物です。

● その他の［身につけるタイプ］の動詞

quitarse los zapatos / el sombrero...（靴を/帽子などを脱ぐ）

　　Nos quitamos los zapatos para entrar en la casa.

　　　　家に入るために私達は靴を脱ぐ。

　En la iglesia él se quitó el sombrero.

　　　　教会で彼は帽子を脱いだ。

lavarse las manos / la cara...（手/顔などを洗う）

　　Me lavo las manos antes de comer.　　　　私は食事の前に手を洗う。

cortarse las uñas/el pelo...（ツメ/髪の毛などを切る）

　　Él se cortó las uñas anoche.　　　　彼は昨晩、ツメを切った。

　Me corté el pelo en la peluquería.　　　　私は美容院で髪を切った。

　　　　　　　＊代名動詞と共に使われる直接目的語には定冠詞を付けます。
　　　　　　　　所有形容詞は使えません。
　　　　　　　　　　（○）Me pongo los zapatos.
　　　　　　　　　　（×）Me pongo mis zapatos.

第47課　代名動詞3［おいとまするタイプ］　CD 59

¿Ya te vas?　もう行くの？

この課の基本例文

¿Ya te vas?　　　　　　　　　もう行くの？
Sí, me voy.　　　　　　　　　ええ。おいとまします。

Mi madre se duerme bien.　　母は寝つきがいい。

動詞の活用を聞いて覚える

	irse（行ってしまう）
yo	me v**o**y
tú	te v**a**s
él /ella/usted	se v**a**
nosotros	nos v**a**mos
vosotros	os v**a**is
ellos/ellas/ustedes	se v**a**n

＊太字の部分がアクセントの位置です。
　CDでイントネーションを確認しましょう。

文法と用例・覚えておきたいこと

● ポイント

元の動詞の意味が強調されます。

ir→irse　行く → 行ってしまう（おいとまする）

● その他の［おいとまするタイプ］の動詞

dormirse（眠り込む）

En el tren ella se durmió enseguida.

電車の中で彼女はすぐに眠り込んだ。

salirse（飛び出す）

El chico se salió de la bocacalle.

男の子が路地から飛び出した。

comerse（たいらげる）

Nos comimos tres pizzas grandes porque teníamos hambre.

私達は、おなかがすいていたので、大きいピザ3枚をたいらげた。

beberse（飲みほす）

Él se bebió una jarra grande de cerveza.

彼は大ジョッキを飲みほした。

第48課　代名動詞4［お互いにタイプ］　CD 60

¿Cuándo nos vemos?　　いつ会いましょうか？

この課の基本例文

Ellos se saludaron en la estación.　　彼らは駅で挨拶を交わした。

¿Cuándo nos vemos?　　いつ会いましょうか？

Nos vemos mañana.　　明日会いましょう。

動詞の活用を聞いて覚える

	verse（お互いに会う）
nosotros	nos **ve**mos
vosotros	os **ve**is
ellos/ellas/ustedes	se **ven**

＊太字の部分がアクセントの位置です。
　CDでイントネーションを確認しましょう。

文法と用例・覚えておきたいこと

◎ ポイント
再帰代名詞が（お互いに）という意味で使われるタイプです。主語は常に複数になります。

◎ その他の［お互いにタイプ］の動詞

amarse（愛し合う）

  Los dos se amaban.   二人は愛し合っていました。

quererse（愛し合う）

  Ellos se quieren.   彼らは愛し合っています。

                ＊amar の方が文語的

saludarse（挨拶し合う）

  Nos saludamos en el aeropuerto.

    私達は空港で挨拶を交わす。

entenderse（わかり合う）

  Por fin las dos partes se entendieron.

    やっと双方は、わかり合った。

conocerse（知り合う）

  Nos conocimos en una fiesta.

    私たちは、あるパーティーで知り合った。

¡Vamos a Practicar !

(1) 文章を読んで下線部について以下の質問に答えましょう。

Los viernes , me acuesto tarde y los sábados ①<u>me levanto a las diez de la mañana</u>. Después de levantarme, ②<u>me ducho y me lavo el pelo</u>. Tomo el desayuno y después, ③<u>me lavo los dientes.</u> Me pongo una camiseta y una falda cómoda. Pero no me pinto la cara. Me pongo los zapatos y salgo de casa para dar un paseo por el parque.

①日本語に訳しましょう。

___

②主語を"ella"にして全文を書き換えましょう。

___

③日本語に訳しましょう。

___

¡Vamos a Practicar !

(2) 次のイラストを見て文章を作りましょう。

① 男の子・顔を洗う

___

② 女の子・歯を磨く

___

③ 私・セーター（el suéter）を着る

___

④ マリア・映画館に入る

___

⑤ 女の子・靴を脱ぐ

___

第49課　関係詞

La ciudad donde vivimos es grande.
私達が住んでいる町は大きい。

この課の基本例文

Mi amiga que vive en Vigo habla gallego.
　　　　　　　　　　　　ビゴに住んでいる友人はガリシア語を話す。

La película de dibujos animados que vi anoche es japonesa.
　　　　　　　　　　　　昨夜私が見たアニメは日本製です。

La ciudad donde vivimos es grande.
　　　　　　　　　　　　私達が住んでいる町は大きい。

El hotel donde me alojé era de lujo.
　　　　　　　　　　　　私が泊まったホテルは一流だった。

文法と用例・覚えておきたいこと

日本語の場合
(1) きれいな花　　　「花」という名詞を「きれいな」という形容動詞で説明。
(2) 昨日買った花　　「花」について文章で説明。
　　いずれの場合も「花（名詞）」の前に直接説明をつけることが可能です。
　　関係代名詞に相当するものはありません。

スペイン語の場合
(1) la flor bonita　　名詞の直後に形容詞を置きます。
(2) 名詞について文章で説明する時：
　　関係代名詞 que を用いて　　la flor que yo compré ayer... とします。

関係代名詞 que のポイント

関係代名詞は、関係代名詞の前の名詞と、その説明をつなぐ「接着剤」です。
que 〜によって説明される名詞を先行詞と言います。
que は、先行詞が、人・物どちらでも、また性・数に関わりなく用いることができます。疑問詞ではないので、アクセントをつけず、平らに発音します。

　　　　　　　　　　　　　　＊疑問詞：qué（↗）　関係代名詞：que（→）

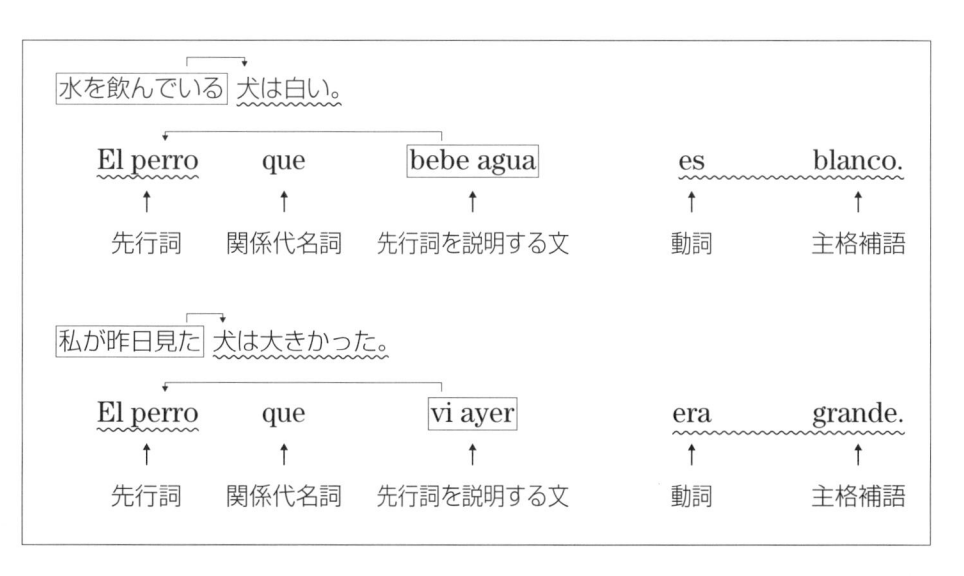

水を飲んでいる 犬は白い。

El perro　　que　　bebe agua　　　　es　　blanco.
　↑　　　　　↑　　　　↑　　　　　　　↑　　　↑
先行詞　関係代名詞　先行詞を説明する文　　動詞　主格補語

私が昨日見た 犬は大きかった。

El perro　　que　　vi ayer　　　　era　　grande.
　↑　　　　　↑　　　↑　　　　　　　↑　　　↑
先行詞　関係代名詞　先行詞を説明する文　　動詞　主格補語

El chófer que conduce el autocar es gordo.

　　観光バスを運転している運転手は太っている。

Las chicas que bailaron ayer eran de Sevilla.

　　昨日踊った女の子達はセビージャ出身です。

El vídeo que vi ayer fue interesante.

　　昨日見たビデオはおもしろかった。

Leo una novela que me recomendó mi amigo.

　　私は、友人が薦めてくれた本を読んでいる。

　　　　　　＊recomendó：recomendar（推薦する）の完了過去3人称・単数形

関係副詞 donde のポイント

先行詞は場所を表します。疑問詞ではないのでアクセントをつけず、平らに発音します。

　　　　　　＊疑問詞：dónde　　関係副詞：donde

El edificio donde celebran la fiesta es del siglo XV.

　　そのパーティが開かれる建物は、15世紀のものです。

　　　　　　＊celebran：celebrar（行う）の3人称・複数形　　☞無人称表現

Comemos en el restaurante donde cenaba Hemingway.

　　よくヘミングウェイが夕食をとったレストランで、私達は食事をしましょう。

　　　　　　＊cenaba：cenar（夕食をとる）の3人称・単数形

¡Vamos a Practicar !

(1) 次の文章を訳しましょう

① Las rosas que cuida mi abuela son muy bonitas.

訳：

② El libro que me dejó mi amigo es interesante.

訳：

③ El teatro donde estuvimos ayer es del siglo XVI（16世紀）.

訳：

④ 私が住んでいる家は古い。

訳：

⑤ 彼女の持っているバッグはかわいい。

訳：

第50課　否定と不定の表現　CD 62

¿Ves algo?　　何か見える？

この課の基本例文

¿Ves algo?	何か見える？
No veo nada.	何も見えない。
¿Viene alguien?	誰か来る？
No viene nadie.	誰も来ないよ。
¿Hay alguna tienda de recuerdos por aquí?	この辺りにお土産物屋はありますか。
No hay ninguna.	一軒もありません。
¿Piensas ir a las Galápagos?	ガラパゴス島に行くつもりなの？
Sí, algún día.	うん。いつかね。
Ninguno de nosotros tenía dinero.	私達のうち誰もお金を持っていなかった。

文法と用例・覚えておきたいこと

● algo と nada（代名詞）

algo：「何か」不特定の物をさします（不定代名詞）。性・数の変化はありません。英語の something / anything に相当します。

nada：「何も（〜ない）」algo の否定形で、性・数の変化はありません。英語の nothing に相当します。

¿Usted sabe algo del accidente?	あなたは事故について何かご存知ですか？ ¿Do you know anything about the accident?
No oigo nada del accidente.	事故について何も聞いていません。 I hear nothing about the accident.
Vamos a comer algo.	なにか食べましょう。 Let's eat something.

● その他の用法

algo de ＋名詞　「少しの〜」

　¿Comprende usted algo de italiano?　イタリア語が少しわかりますか？

nada de ＋名詞　「〜を少しも（〜しない）」

　No comprendo nada de italiano.　イタリア語は全然わかりません。

● 副詞として使われる場合

algo：「少し」＝ un poco

nada：「まったく（〜ない）」no を強調

　Estoy algo cansado.　　　　　　　僕は少し疲れている。

　No llovió nada el mes pasado.　　先月は全然雨が降らなかった。

● alguien と nadie（代名詞）

alguien：「誰か」不特定の人物を指し、性・数の変化はありません。
　　　　英語の anybody / somebody に相当。

文法と用例・覚えておきたいこと

nadie：「誰も（〜ない）」alguien の否定形で、性・数の変化はありません。
英語の nobody / no one に相当。

  Hay alguien en la habitación. 部屋に誰かいる。
             There is somebody in the room.

  No vi a nadie en el jardín.   私は誰も庭で見なかった。
             I saw no one in the garden.

● alguno と ninguno（代名詞・形容詞）

alguno：「ある/なんらかの」人・物・事のいずれにも使い、性・数の変化があります。英語の any / some に相当。

ninguno：「ひとりの/ひとつの〜も（〜ない）」人・物・事のいずれにも使います。alguno の否定形で、性の変化はありますが、複数で用いられることはほとんどありません。

 ＊alguno/ninguno が男性・単数名詞の前につく時、語尾の o が脱落 → algún/ningún

Alguno de ellos viene.   〈代名詞〉彼らのうちの誰かが来る。

Algunos días estamos en la playa. 〈形容詞〉何日間か浜辺にいます。

¿Tienes alguna pregunta?〈形容詞〉（なんらかの）質問がありますか？

Sí, tengo una.   はい。ひとつあります。

No tengo ninguna.   〈代名詞〉なにも（質問は）ありません。

¡Vamos a Practicar !

(1) (　) に適切な語句を入れて、否定と不定の表現の文章を作り、訳しましょう。

① ¿Usted bebe (　　　　　　) de leche?

訳：

② No quiero comer (　　　　　　).

訳：

③ ¿Hay (　　　　　) abajo?（人）

訳：

④ No hay (　　　　　).（物）

訳：

⑤ ¿Tienes (　　　　) pregunta? No tengo (　　　　　).

訳：

¡Vamos a Practicar !

(2) 否定・不定の表現を用いてスペイン語にしてみましょう。

① 私はいつの日かスペインに行きたい。

訳：_____

② 誰か庭にいますか？

訳：_____

③ 私たちはバルセローナでは誰も知りません。

訳：_____

④ 今夜、食べるものが何もありません。

訳：_____

⑤ 日本語が少しわかりますか？　いいえ、全くわかりません。

訳：_____

¡まとめて
EXAMEN FINAL!
リスニング編

¡まとめて EXAMEN FINAL!

▶リスニング編◀

CDを聞いて次の質問に答えましょう。 **CD 63**

(1) 次の質問に答えましょう。

① _____

② _____

③ _____

④ _____

⑤ _____

⑥ _____

⑦ _____

⑧ _____

⑨ _____

⑩ _____

【ホテル編】　　　　　　　　　　　　　　　　　　　CD 64

(1) CDを聞いて答をスペイン語で書いてみましょう。

　①_____

　②_____

　③_____

　④_____

　⑤_____

(2)　　　　　　　　　　　　　　　　　　　　　　　　CD 65

　①_____

　②_____

　③_____

まとめて EXAMEN　リスニング編

(3) CDを聞いて次の予約表を完成させましょう。　**CD 66**

①
```
―Reserva―

Nombre: _____

Apellido _____

Fecha   _____

Tel     _____

              ☆☆☆Hotel Hispanista
                c/Prado 15, MADRID
                 Tel  91・538・4749
                 Fax 91・538・4750
```

【レストラン編】　**CD 67**

(1) ① _____

② _____

③ _____

④ _____

⑤ _____

Menú

~ Entremeses
  Jamón serrano   1600
  Chorizo   1400

~ Primer Plato
  Ensalada mixta 600
  Sopa de ajo   600

~ Segundo Plato
  * Carne
    Cochinillo asado 2500
    Rabo de toro   2300
  * Pescado
    Merluza a la vasca 2500
    Bacalao al pilpil   2800

~ Postre
  Frutas temporadas 400
  Crema catalana   400

~ Menu del día ~
  Ensalada mixta
  Cochinillo asado
  Flán con nata

  pan
  vino, agua mineral

  3000

(2) ①

②

③

④

⑤

(1)

15	4	33	13	112
39	62	16	57	70
86	30	100	5	27
60	91	66	250	21
16	15	45	11	14

残った5つの数字を足すと？（　　　　　　　　　　　　）

(2) ①_____

② _____

③ _____

④ _____

⑤ _____

索引

あ

挨拶語——14、15、23
相手の注意をひく(oye/oiga)——175
hay と estar の比較——64
あいのて——88、105、157、122、162、127
hay を用いた慣用表現——63
アクセサリー——184
アクセントの規則——26
al (a+el)——72
歩いて——125
ある・なんらかの alguno——230
アルファベット——16
衣服——83
ir を用いた慣用表現——125
いってしまう——219
一般的動詞の語順——73
色——52、53、76
イントネーション——46、59、64、73
インフォーマルな挨拶——14
受身表現——184、185
うまくいく/失敗する——165
LとRの発音——22
婉曲表現——209
音節の数え方——24
音節分けの規則——24

か

買物——215
家族——182
完了過去の規則動詞——194、195
完了過去の不規則動詞 ir/ser——201
完了過去の不規則動詞
　語幹変化するタイプ——204、205、206
完了過去の不規則動詞
　[頼むタイプ]——198、199
完了過去の不規則動詞 dar/estar——200、201
完了過去の不規則動詞
　[眠るタイプ]——198、199
完了過去の不規則動詞
　[読むタイプ]——198、199
完了過去の用法——196
数——54、82、83、140
〜が足りない(faltar)——136
〜かもしれない（poder）——151
身体の名称——112
関係代名詞 que——225
関係副詞 donde——226
冠詞・形容詞の変化とその位置——35
間接目的語——73
感嘆符¡!——12
〜が痛む(doler)——136
〜がいる/ある(hay)——63
〜が起きる（pasar）——136
〜が行なわれる(ser)——45
〜が好き(gustar)——135
〜が〜するのを見る(ver)——157
〜が欲しい(querer)——103
季節——144
疑問詞の付いた疑問文——78、79
疑問符——14
球技——155
国の名前——36
靴・帽子などを脱ぐ——217
敬称——46
形容詞の性・数変化——34
現在形の用法——71
語幹——70、86、92
語順——46、59、64、73、185
語尾——70、86、92
国名・地名の形容詞——35

さ

作動させる(機械/道具)——167
saber と conocer の比較——115
3重母音——20
時間を過ごす（llevar）——179

〜し合う——220、221
指示形容詞（この・その・あの）——49
指示代名詞（これ・それ・あれ）——49
〜したい——103、111
下着——146
（以前は）〜していた——209
〜して来た（venir）——127
〜してもよい（poder）——151
〜しなければならない——64、111
〜しに来る・来た（venir）——127
〜し始める——104
〜しましょう——125
写真に写る——165
主格補語——46
主語・人称——40
出身・産地を尋ねる（ser）——45
情報通信——82
所有形容詞（〜のもの）——50
食事の表現——88
時間をすごす——179
自分のものにする quedarse con——215
12か月——90
順序数——68
上映/上演する——167
状況補語——46
状態（〜は〜の状態だ）（estar）——59
少しの〜 algo de——229
〜することが出来る（poder）——151
〜するところだ——125
〜するのをやめる（dejar）——143
ser と estar の比較——60
接続詞 que——121、175
接続詞 si（〜かどうか/もし〜）——121、122
先行詞——225
前置詞——42、73

た

建物——131
旅——98

平らげる comerse——219
食物——80
たぶん〜——93
〜が足りない（faltar）——136
単複同形の名詞——29
単母音——18、20
（その時）〜だった——209
誰か alguien——229
　　誰の〜？（¿De quién〜）——50
誰も（〜ない）nadie——229、230
　　男女同形の名詞——29
注意を促す——127
直接目的語——73
つめ・髪などを切る cortarse——217
定冠詞——32
程度の表現——60
丁寧な依頼——103、151
手/顔などを洗う lavarse——217
tener ＋名詞の慣用表現——111
電機製品——54
天候の表現——161
del（de+el）——63
〜と言う名前である llamarse——12、215
〜と言っている——175
tú と usted——14
〜と思う creer——121
時の表現——72、96、97、98、115、196、210
年・月・時刻の表現——90、196
飛び出す salirse——146
どこに〜いる/ある？（¿Dónde estar〜）——59
どのくらい時間がかかりますか？——98

な

なにか algo——229
　　何がある？（¿Qué hay〜）——63
なにも（〜ない）nada——229
名前——42
〜に会う ver——157
「に格」1・2・3人称——130、131

〜に興味を起こさせる——136
〜に〜させる（使役）——161
〜に〜させる（放任・許可）——143
2重子音——22
2重字 ll/ch——16
2重母音——19
　〜にとどまる quedarse en——215
　〜に乗っていく——125
　〜に入る meterse——215
　〜に面している（dar）——143
眠り込む dormirse——219
飲み干す beberse——219
〜のように思われる——136

は

〜は〜である（ser）——45
〜は〜にいる/ある（estar）——59
場所の表現——60、63
反対語——42、165
比較の表現——188、189
日付——90
否定と不定の表現——228、229、230
人・物の数え方——42
ひとりの/ひとつの〜も（〜ない）ninguno——230
頻度の表現——72
フォーマルな挨拶——14
不完了過去の規則動詞——208
不完了過去の不規則動詞——210
不完了過去の用法——209
不規則な比較級——190、191
副詞・副詞句——60、229
不定冠詞——32
プレーする（jugar）球技など——155
〜へ行く——125
方角——144
補語（主格補語・状況補語）——46、59

ま

…前から（今までずっと）〜している——161
（今から数えて）…前に〜した——195
巻き舌のイメージ——23
身につけている——179
身分・職業・国籍——12
無冠詞——32
無人称表現——182、183
名詞の性の見分け方——28
名詞の複数形の作り方——29
催す（dar）パーティーなど——143

や

郵便——133
曜日——76
良く使う形容詞——37、80
横たわる/床につく acostarse——215

わ

わかる ver——157
〜を愛している（querer）——103
「を格」1・2人称——108
「を格」3人称——116、117
「を格」と「に格」——145、146
〜を少しも（〜しない）——229

GLOSARIO (スペイン語 単語集)

本テキストで使われている単語の中で、使用頻度の高いもの、原則として一単語のものを載せました。
固有名詞は省略しました。
形容詞の男性形の後に語尾のみで女性形を記してあります。
各単語の詳しい用法や意味については辞書を活用してください。

A

a	～へ
abajo	下で
abanico	扇子
abierto / ta	開いた
abril	4月
abrir	開く
abstracto -ta	抽象的な
abuelo -la	祖父・祖母
aburrido -da	退屈な
aburrir	退屈させる
accidente	事故
aceite	油
acostarse	寝る
actor	俳優
actríz	女優
acuario	水族館
acueducto	水道橋
acuerdo	合意
De acuerdo	わかりました
adelante	前へ
adiós	さよなら
aduana	税関
aerograma	航空書簡
aeropuerto	空港
agencia	代理店
agosto	8月
agua	水
ahora	今
ahí	そこ
aire	空気
ajo	にんにく
alegre	陽気な
alemán -na	ドイツ (の、人、語)
algo	何か
alguien	誰か
alguno -na	なんらかの
allí	あそこ
almacenes	デパート
almuerzo	昼食
alto -ta	高い
alumno -na	学生
ama	女主人
ama de casa	主婦
amable	親切な
amar	愛する
amarillo -lla	黄色の
amigo -ga	男友達・女友達
amistad	友情
anciano -na	年取った、老人
andar	歩く
andén	プラットフォーム
anillo	指輪
animación	活気、元気
anoche	昨晩
anteayer	おととい
antes	以前に
antiguo -gua	古い
apellido	名字
aprender	学ぶ
aquí	ここ
árabe	アラブ (の、人、語)
árbol	木
arena	砂
argentino -na	アルゼンチン (の、人)
arriba	上で
arroz	米
arte	美術
asiento	座席
aula	教室
autobús	バス
autocar	高速バス
autopista	高速道路
ave	鳥
avión	飛行機
ayer	昨日
ayudar	助ける
azul	青色の
azúcar	砂糖
año	年
aún	まだ
aun	さえ

B

bolsillo	ポケット
bailar	踊る
baile	踊り
bajo -ja	低い
baloncesto	バスケットボール
banco	銀行
banco	ベンチ
banda	徒党
bandera	旗
bar	バル
barato -ta	安い
bastante	かなり
basura	ごみ箱
bañador	水着
baño	お風呂
cuarto de baño	浴室
beber	飲む
beso	キス
béisbol	野球
biblioteca	図書館
bicicleta	自転車
bien	上手に、元気な
bienvenido-da	ようこそ
bilingüe	バイリンガル
billete	切符
biombo	屏風
blanco -ca	白い
blusa	ブラウス
boca	口
bocacalle	路地
boda	結婚式
boina	ベレー帽
bolso	バッグ
bolígrafo	ボールペン
bonito-ta	きれい、かわいい
boxeo	ボクシング
braga	パンティー
brasero	火鉢
brazo	腕
bronce	ブロンズ
bueno-na	良い
buho	ふくろう
buscar	探す
buzón	ポスト

C

cabeza	頭
cada	各
caer	落ちる

café	コーヒー	comida	食事	chaqueta	ジャケット
calcetines	靴下	comisaría	警察署	charlar	しゃべる
calle	通り、道	cómo	どのような	chico-ca	男の子、女の子
calor	暑い	como	として	chino-na	中国(の、人、語)
cama	ベッド	cómodo-da	快適な	chófer	運転手
camarero -ra	ウェイター、ウェイトレス	compañía	会社	churro	揚げ菓子
cambiar	変える、くずす	compañero-ra	仲間		
cambio	両替	comprar	買う	**D**	
camino	道	con	～と	dama	(貴)婦人
camisa	ワイシャツ	concha	貝	dar	与える
camiseta	Tシャツ	concierto	コンサート	de	～から、～の
campo	野原、分野	conducir	運転する	decir	言う
canal	チャンネル	conmigo	私と一緒に	dedo	指
caña	生ビール	conocer	知る	dejar	預ける
canción	歌	construir	建てる	delante	前に
cantar	歌う	consultar	相談する	delgado-da	痩せた
cara	顔	contar	数える	demasiado	過度の
carne	肉	contento -ta	満足な	dentista	歯医者
carnet	証明書	contesta	返事	dentro	中に
caro -ra	高価な	contigo	君と一緒に	denunciar	告発する
carta	手紙	continuar	続ける	deportes	スポーツ
carzoncillos	ブリーフ	conversación	会話	derecha	右
casa	家	copa	グラス	desayuno	朝食
castillo	城	copia	コピー	descansar	休む
categoría	等級	corbata	ネクタイ	desde	～から
cebolla	たまねぎ	coreano -na	韓国(の、人、語)	desear	望む
celebrar	催す、祝う	coro	コーラス	despacio	ゆっくりと
cena	夕食	correos	郵便局	despertador	目覚まし時計
cenar	夕食を食べる	correr	走る	después	後で
cerca	近くに	cortina	カーテン	detrás	うしろに
cerrado -da	閉じた	cosa	事	deuda	借金
cerrar	閉める	costa	海岸	día	日
cerveza	ビール	COU	大学予科	diablo	悪魔
cerámica	陶器	creer	信じる、思う	diccionario	辞書
cierto	確かな	crema	クリーム	dicho	前述の
cine	映画、映画館	crudo	生の	diciembre	12月
ciudad	都市	cuadro	絵画	diente	歯
claro	もちろん	cuchara	スプーン	dieta	ダイエット
claro -ra	明るい	cuchillo	ナイフ	diferencia	違い
clase	授業	cuenta	会計	diferente	異なる
clave	手がかり	cuento	話し	difícil	難しい
cliente	顧客	cueva	洞窟	dinero	お金
clima	気候	cuidado	注意	director	社長(～長)
clínica	診療所	cuidar	世話をする	disco compacto	CD
coche	自動車	cultura	文化	documento	書類
cocina	台所	cumpleaños	誕生日	doler	痛む
cocinar	料理する	cuna	ゆりかご	dolor	痛み
cocinero -ra	料理人	cura	神父	domicilio	本籍、住所
código	暗号	cuál	どの	domingo	日曜日
colegio	学校	cuándo	いつ	dónde	どこ
color	色	cuánto	どれだけ	dormir	眠る
collar	ネックレス	cuántos	いくつの	drama	ドラマ
comenzar	始める			droga	麻薬
comer	食べる	**CH**		duda	疑惑
comerciante	商店主	chalet	別荘	durante	～の間
		cheque	小切手	ducharse	シャワーを浴びる

E

edificio	建物
él/ella	彼、彼女
elefante	象
elegante	上品な
elegir	選ぶ
embajada	大使館
empezar	始める
empresa	会社
en	〜の中に
encantado-da	はじめまして
encima	上に
encontrar	見つける、会う
enero	1月
enfermera	看護婦
enfermo-ma	病人
engordar	太る
enseguida	すぐに
enseñar	教える
entender	理解する
entonces	その時
entrada	入り口
entrar	入る
entre	間に
equipo	チーム
este	東
escribir	書く
escuchar	聴く
escuela	学校
español	スペイン(の、人、語)
esperar	待つ
esposo-sa	夫、妻
estación	駅、季節
estadounidense	アメリカ (の、人)
estar	いる、ある
estrella	星
estudiante	学生
estudiar	勉強する
estupendo	素晴らしい
estadio	競技場
estómago	胃
euro	ユーロ
examen	試験
éxito	成功
extraño-ña	不思議な
exótico	異国的な
expreso	速達
exuberancia	豊富さ

F

fácil	易しい
falda	スカート
faltar	欠く
fama	名声
familia	家族
farmacia	薬局
favor	お願い
favorito-ta	好みの
febrero	2月
fecha	日付
feo-a	醜い
ficha	カード
fiesta	パーティー
fin	末
final	最終の
firmar	署名する
flamenco	フラメンコ
flecha	矢
flor	花
folleto	パンフレット
fondo	底、奥
foto	写真
francés-sa	フランス(の、人、語)
frente (m)	正面
(f)	額
fresco	涼しい
fruta	果物
frío	寒さ
frito-ta	揚げた
fuente	泉
fuera	外に
fumar	たばこを吸う
funcionario-ria	公務員
fútbol	サッカー
futuro	未来

G

gafas	眼鏡
gallina	雌鳥
gallo	雄鳥
gamba	エビ
ganas	願望
garganta	喉
gato-ta	猫
gemelos	カフスボタン
general	普通の、一般的な
gente	人
gesto	表情
girasol	ひまわり
giro	回転
globo	地球
gloria	栄光
goma	消しゴム
gordo-da	太い
gracia	上品さ
gracias	ありがとう
grande	大きい
gris	灰色の
guantes	手袋
guapo-pa	美男の、美女の
guerra	戦争
guía	ガイド、案内
guitarra	ギター
gustar	〜が好き
gusto	好み

H

haber	ある、なる
habitación	部屋
hablar	話す
hacer	する、作る
hambre	空腹
hay	ある
hembra	雌
hermano-na	兄弟、姉妹
hijo-ja	息子、娘
hombre	人、男
hora	時間
hospital	病院
hotel	ホテル
hoy	今日
humo	煙

I

idea	考え
idioma	言語
iglesia	教会
inglés	英国の(人、語)
Información	案内所
inteligente	聡明な
interesante	興味ある
interesar	興味がある
internet	インターネット
invierno	冬
invitación	招待
invitar	招く
ir	行く
iris	虹
italiano-na	イタリア(の、人、語)
izquierda	左

J

jabón	石鹸
jamón	ハム
japones-sa	日本の、人、語
jardín	庭
jarra	壺
jefe-fa	上司
joven	若い、若者
jueves	木曜日
jugar	遊ぶ
jugo	ジュース
jugoso-sa	みずみずしい
julio	7月
junio	6月
juntos-tas	一緒に

L

labio	唇	médico-ca	医者	negro-ra	黒い
lápiz	鉛筆	medio-a	半分の	nervioso-sa	神経質な
largo-ga	長い	mediodía	正午	neto	はっきりした
lata	缶	mejicano-na	メキシコ (の、人)	nevar	雪が降る
leche	牛乳	mejilla	頬	ninguno	ひとつも～ない
lectura	読書、読み物	mejor	より良い	niño-ña	男の子、女の子
leer	読む	menor	より小さい	ñique	パンチ
lejos	遠くに	menos	より～ない	no	いいえ
lente	レンズ	mentira	嘘	noche	夜
lento-ta	ゆっくりとした	menú	メニュー	nombre	名前
levantarse	起きる	menudo	わずかの	norte	北
libro	本	a menudo	しばしば	nosotros-tras	我々
limpio-pia	清潔な	mercado	市場	nota	成績
limón	レモン	merienda	おやつ	noticia	ニュース
lindo-da	かわいらしい	mes	月	novela	小説
lingüistica	言語学	mesa	机	noviembre	11月
lingüista	言語学者	meta	目標	novio-via	恋人
lomo	ロース	meter	入れる	nublado	曇った
loro	オウム	meterse	入る	nuca	うなじ
lujo	豪華	metro	地下鉄	nuevo-va	新しい
luna	月	mirar	見る	número	数字
lunes	月曜日	mismo-ma	同じ		
luz	光	ahora mismo	いますぐ		
		miércoles	水曜日	## O	
## LL		moda	流行	obra	作品、仕事
llamar	呼ぶ、電話する	molino	粉ひき	octubre	10月
llave	鍵	momento	ちょっと	ocupado-da	忙しい
llegar	着く	monedero	小銭いれ	oeste	西
llevar	持っていく	monte	山	oficina	事務所
llover	雨が降る	morado	紫色の	oficinista	会社員
lluvia	雨	morir	死ぬ	oído	聴覚
		moto(motocicleta)	バイク	oír	聞く
## M		mucho-cha	たくさんの	ojo	目
madre	母親	muela	奥歯	ópera	オペラ
mal	悪	muerto	死んだ	opinión	意見
maleta	荷物	mujer	女性	orden(m)	順序
malo-la	悪い	mundo	世界	(f)	命令
mamá	ママ	muñeco	人形	ordenador	コンピューター
mandar	送る	museo	博物館	original	本物
mano	手	música	音楽	oro	金
manta	毛布	muy	とても	oscuro-ra	暗い
manzana	リンゴ			oso	熊
mapa	地図	## N		otoño	秋
mar	海	nacimiento	出身、誕生	otorrinolaringologo	耳鼻咽喉科医
maravilloso	驚くべき	nacionalidad	国籍	OVNI	UFO
marido	夫	nacional	国の		
marrón	茶色の	nación	国家	## P	
martes	火曜日	nada	何も～ない	padre	父親
marzo	3月	de nada	どういたしまして	padres	両親
más	より～	nadar	泳ぐ	pagar	払う
matemáticas	数学	nadie	誰も～ない	página	ページ
mayo	5月	naranja	オレンジ	país	国
mayor	大きい、	nariz	鼻	paisaje	景色、風景
mañana	明日	natación	水泳	pálido-da	青ざめた
medianoche	真夜中	navidad	クリスマス	pan	パン
		negocio	商売	pantalones	ズボン
				pantis	パンティー

	ストッキング	planeta	惑星	**R**		
pañuelo	ハンカチ、スカーフ	planta	植物	ración	一皿、一人前	
papel	紙	plata	銀	radio	ラジオ	
papá	パパ	plato	料理、皿	radiocasete	ラジカセ	
paquete	小包、荷物	playa	浜辺	rápido	急行	
para	〜のために	plaza	広場	raro-ra	妙な、変な	
paraguas	傘	pluma	ペン	rato	短い時間	
parecer	〜に思える	poco	少ししかない	ratón	マウス	
pared	壁	un poco	少しある	recado	メッセージ	
parque	公園	poder	〜できる	recibir	受け取る	
partir	出発する	poema	詩	recital	リサイタル	
pasaporte	パスポート	policía(m)	警察官	recitar	朗読する	
pasear	散歩する	(f)	警察	recto	まっすぐな	
pastel	ケーキ	poner	置く	recomendar	推める	
patata	じゃがいも	ponerse	着る	recordar	思い出す	
pausa	休止	por	〜あたりに、〜によって、〜なので	red	網、ネット	
pedir	求める、注文する			refresco	冷たい飲み物	
		porque	絵はがき	regalo	贈り物	
pelo	髪	postal	絵はがき	reloj	時計	
película	映画	pozo	井戸	repartir	分配する	
pelquería	美容院	practicar	練習する	repetir	繰り返す	
pendientes	イヤリング	pregunta	質問	representación	上演、公演	
peor	より悪い	preguntar	訊ねる	resfriado-da	風邪をひいた	
pepino	キュウリ	preocupado-da	心配した	reservar	予約する	
pequeño-ña	小さい	presidente	大統領	restaurante	レストラン	
perder	失う	primavera	春	reunión	集会	
perdón	ごめんなさい	primo-ma	従兄弟・従姉妹	revista	雑誌	
perfectamente	完璧に			rico-ca	美味しい	
periódico	新聞	prisa	急ぎ	río	川	
permiso	許可	probar	試す	ritmo	リズム	
perro-rra	犬	problema	問題	robar	盗む	
persona	人	producir	産出する	rojo-ja	赤い	
peruano-na	ペルー(の、人)	profesor-sora	先生	ropa	衣服	
pescado	魚	prohibido-da	禁止された	rosa	ピンク、バラ	
peseta	ペセタ(スペインのお金)	pronto	すぐに	rubio-bia	金髪	
		prueba	証拠	ruido	騒音	
pez	魚	próximo-ma	次、次の、とげ	rumbo	方向	
pianista	ピアニスト	púa				
picar	刺す、ひりひりさせる	pueblo	村	**S**		
		puerta	扉、戸	saber	知る	
pico	くちばし、頂上	puerto	港	sacar	取り出す	
pie	足	punto	点	saco	袋	
a pie	歩いて	en punto	ちょうど	sal	塩	
pierna	脚	pulpo	たこ	saldar	挨拶する	
pieza	一個、部分、断片	pulsera	ブレスレット	salida	出口	
pila	電池			salir	出る	
piloto	パイロット	**Q**		sandía	スイカ	
pimiento	ピーマン	qué	何	satisfecho-cha	満足した	
pintarse	化粧する	quedarse	とどまる	seco-ca	乾いた	
pintor-ra	画家	quejarse	嘆く、文句を言う	secretaria	秘書	
pipa	ひまわりの種			sed	乾き	
piso	階、マンション	querer	〜を欲する	seda	絹	
placer	喜び	química	化学的な	seguir	続ける	
plan	計画	quitarse	脱ぐ	sello	切手	
plancha	鉄板	quizás	きっと	semana	週	
		quién	誰	señor-ra	紳士、婦人	

señorita	お嬢さん	terminar	終わる	de veras	本当に	
sentarse	座る	tibio-bia	生温い	vestido	ドレス	
sentir	感じる	tiempo	時間	vez	回、度	
septiembre	9月	a tiempo	時間どおりに	a veces	ときどき	
ser	〜である	tienda	店	viajar	旅する	
servir	〜に役立つ	tierra	地球、土地	viaje	旅行	
sexo	性別	tío-a	おじ、おば	vida	生活、人生	
sí	はい	típico	代表的な	vídeo	ビデオ	
si	もし、〜かどうか	tirar	投げる、捨てる	videojuego	ビデオゲーム	
siempre	いつも			viejo-ja	年とった	
siglo	世紀	todavía	まだ	viento	風	
silla	椅子	todo-da	すべての	viernes	金曜日	
simpático-ca	感じのいい	tomar	取る、飲む、食べる	vinagre	酢	
sobre	〜について			vino	ワイン	
sobre todo	とりわけ	tomate	トマト	violeta	すみれ色の	
socorro	救助、助け	tonto-ta	馬鹿な	violín	バイオリン	
sol	太陽	toro	雄牛	visado	ビザ	
solicitar	申し込む	torre	塔	visitar	訪れる	
solo-la	一人の	tortilla	トルティーリャ	viuda	未亡人	
solución	解決	tour	ツアー	vivir	住む	
sombrero	帽子	trabajar	働く	voleibol	バレーボール	
sopa	スープ	trabajo	仕事	volver	帰る、戻る	
sostenes	ブラジャー	traductor-ra	翻訳者	vosotros-tras	君たち	
soya	大豆	traer	持ってくる	votar	投票する	
subir	上がる、登る	traje	スーツ	voto	投票	
suegro-gra	義父、義母	tranquilo-la	静かな	voz	声	
suelto	小銭	tren	列車	vuelta	帰ること、回転	
sueño	夢	tú	君	vulgo	庶民	
suéter	セーター	tulipán	チューリップ			
supermercado	スーパーマーケット	tumba	墓	**Y**		
		túnel	トンネル	y	そして	
sur	南	turismo	観光	ya	すでに	
suspense	サスペンス	turista	旅行者	yip	ジープ	
sábado	土曜日			yo	私	
		U		yogur	ヨーグルト	
T		universidad	大学			
tal	そんな	uña	爪	**Z**		
tanto-ta	それほど多くの	usar	使う	zanahoria	人参	
taquilla	切符売り場	uso	使用、用途	zapatos	靴	
tardar	(時間が)かかる	usted	あなた	zigzag	ジグザグ	
tarde	遅く	uva	ブドウ	zoo	動物園	
tarta	ケーキ			zorro	狐	
taxi	タクシー	**V**		zumo	ジュース	
taza	カップ	vaca	雌牛			
té	紅茶	vacación	休暇			
teatro	演劇、劇場	valer	価値がある			
teclado	キーボード	vale	OK			
tela	布	vaso	コップ			
telenovela	テレビドラマ	venir	来る			
televisor	テレビ	venta	販売			
teléfono	電話	ventana	窓			
temprano	早く	ver	見る			
tenedor	フォーク	verano	夏			
tener	持つ	verdad	真実			
tenis	テニス	verde	緑色の			
terminal	ターミナル	veras	本当			

¡Vamos a Practicar！ 解答

▶第1課◀ P13

例： Me llamo (Kaoru Miura).　　　　　（氏名）
　　Soy funcionaria. (japonesa)　　　　（職業または国籍）
　　Trabajo en (una agencia de viajes). （働いている場所）
　　Vivo en (Nakano).　　　　　　　　（住んでいる場所）
　　Me gusta (viajar).　　　　　　　　（好きな事）
　　Me interesa el español.　　　　　　（興味あること）

▶第3課◀ P17

(1) ① eme a i te e　② a u ele a　③ ese o igriega a
　　④ hache u e ce o　⑤ pe e cu u e eñe o

(2) ① c　② w　③ n　④ y　⑤ j　⑥ h　⑦ q　⑧ z　⑨ x　⑩ g

▶第5課◀ P25

(1) ① cama　② naranja　③ torre　④ español　⑤ coche
　　⑥ crema　⑦ antiguo　⑧ flor　⑨ tren　⑩ radio

(2) ① cam/po　② a/rroz　③ can/sa/do　④ ge/ne/ral　⑤ tí/o
　　⑥ res/tau/ran/te　⑦ u/ni/ver/si/dad　⑧ can/ción
　　⑨ di/fí/cil　⑩ vi/da

▶第6課◀ P26

(1) ① encantado　② examen　③ hotel　④ Japón　⑤ avión
　　⑥ usted　⑦ restaurante　⑧ cansado　⑨ Perú　⑩ café

(2) ① canción　② música　③ pequeño　④ japonés　⑤ día
　　⑥ fútbol　⑦ gracias　⑧ perdón　⑨ agencia　⑩ natación

(3) ① es/tu/dian/te　② gue/rra　③ clien/te　④ cui/da/do
　　⑤ car/ne　⑥ no/so/tros　⑦ ai/re　⑧ ver/dad
　　⑨ fun/cio/na/rio　⑩ lec/tu/ra

＊CDの最後に発音が入っています。

¡Vamos a Practicar! 解答

▶第7課◀ P30・31

(1) ① m ② f ③ m ④ m ⑤ m/f

(2) ① profesora ② amigo ③ gata ④ tía ⑤ novia

(3) ① chicos ② postales ③ estudiantes ④ mujeres ⑤ lápices
    ⑥ almacenes ⑦ peces ⑧ trenes

[単語テスト]
① 学生 ② 猫 ③ 女優 ④ 手 ⑤ 言語
⑥ lápiz ⑦ silla ⑧ zapato ⑨ dinero ⑩ universidad

▶第8課◀ P33

(1) ① la casa ② una estación ③ un joven ④ un día
    ⑤ el coche ⑥ el libro ⑦ una madre ⑧ el padre
    ⑨ el niño ⑩ una pluma

(2) ① las mujeres ② las estudiantes ③ los policías
    ④ las ventanas ⑤ las sillas ⑥ los actores
    ⑦ las universidades ⑧ las manos ⑨ los problemas
    ⑩ las fotos

▶第9課◀ P37・38・39

(1) ① pequeña ② joven ③ antiguo ④ guapa ⑤ simpático
    ⑥ inteligente ⑦ blancas ⑧ grande ⑨ gordas ⑩ alegre

(2)
Nombre	(名前)	Kaoru
Apellido	(姓)	MIURA
sexo	(性別)	femenino
Fecha de nacimiento	(日、月、西暦)	el 12 de 7 (julio) de 1975
Domicilio	(現住所)	1-15-3,Nakano,Nakanoku
Ciudad	(都市)	Tokio
País	(国名)	Japón
Nacionalidad	(国籍)	japonesa

切り取り線

¡Vamos a Practicar!　解答

(3)　① la niña guapa　② un gato pequeño　③ una mujer grande
　　　④ el niño bonito　⑤ una amiga mejicana

(4)

Italia	italiano
España	español
EE.UU.	estadounidense
Perú	peruano
Inglaterra	inglés
Alemania	alemán
Japón	japonés

▶第10課◀ P41

(1)　① 三人称複数　ellos　② 一人称複数　nosotros
　　　③ 二人称複数　vosotros　④ 三人称複数　ustedes
　　　⑤ 三人称複数　ellos　⑥ 一人称複数　nosotros

▶第11課◀ P47

(1)　① es　② son　③ soy　④ sois　⑤ eres

(2)　① No soy de Méjico. Soy de Brasil.
　　　② Él es funcionario.
　　　③ El libro es interesante.
　　　④ ¿De dónde son los zapatos? Son de Italia.

▶第12課◀ P51

(1)　① Esto es un libro.
　　　② Eso es un lápiz.
　　　③ Aquello son（unos）pimientos.

(2)　① estos libros　② aquellas chicas　③ esa silla　④ esta gata

¡Vamos a Practicar！ 解答

(3) ① Mi prima es médica.
② Tu maleta es grande.
③ ¿De quién es esta casa?　Es de él.（Es su casa.）

▶ 10までの数字 ◀ P55・56・57

(1) ① cinco televisores
② tres corbatas
③ diez rosas blancas
④ dos hombres（señores）
⑤ siete estudiantes simpáticos／simpáticas

(2) ① 9 —— nueve
② 6 —— cinco
③ 5 —— seis
④ 7 —— cuatro
⑤ 4 —— siete
⑥ 8 —— diez
⑦ 3 —— tres
⑧ 10 —— ocho

(3) ① Es amarillo.
② Es blanco y negro.
③ Es gris.
④ Es de color naranja.
⑤ Es blanca y roja.

(4) ① la camisa roja
② el gato gordo
③ la mujer nerviosa
④ el cine
⑤ el disco compacto
⑥ el ordenador

¡Vamos a Practicar! 解答

▶第13課◀ P61

(1) ① estáis　② están　③ está　④ estoy　⑤ están

(2) ① está　　私の父は疲れている。
　　② es　　　カルロスの息子は頭が良い。（聡明だ）
　　③ está　　君の息子は公園にいるよ。
　　④ es　　　彼女は先生です。
　　⑤ estamos　私たちは家にいます。

▶第14課◀ P65

(1) ① es　② está　③ somos　japonesas　④ Hay
　　⑤ está　enfermo　⑥ es　⑦ son　hermanos
　　⑧ estoy　contenta

▶まとめて Examen◀ P66・67

(1) ① Es de Carmen. Es su libro.
　　② Son de mi padre. Son sus discos.
　　③ Es de nosotros. Es nuestra casa.
　　④ Son de Pablo. Son sus zapatos.
　　⑤ Es del profesor. Es su sombrero.

(2) ① es　　　パエーリャはスペインの代表的な料理です。
　　② están　私の友人達は忙しい。
　　③ está　　私の祖母は病気です。
　　④ está　　今日、フアナの娘はいらいらしている。
　　⑤ es　　　フアナの娘は神経質です。
　　⑥ Está　　その猫は公園にいる。

▶順序数◀ P69

(1) ① el quinto piso　② el tercer examen
　　③ el primer día de la obra de teatro　④ el segundo coche
　　⑤ la séptima casa

252

¡Vamos a Practicar！ 解答

▶第15課 ◀P74・75

(1) 活用表

	estudiar	comprar
yo	estudio	(compro)
tú	(estudias)	compras
él/ella/usted	estudia	compra
nosotros	(estudiamos)	compramos
vosotros	estudiáis	compráis
ellos/ellas/ustedes	estudian	(compran)

(2) ① Mi hermano trabaja en un restaurante.
　　② Ese francés habla japonés.
　　③ Estudiamos alemán.

(3) ① Naoko habla bien español.
　　　直子はスペイン語を話します。
　　② ¿Qué compras tú en esa tienda?
　　　君はその店で何を買うの？
　　③ Esa chica espera a Enrique.
　　　その女の子はエンリケを待っている。
　　④ Mis hijos estudian.
　　　私の息子たちは勉強します。
　　⑤ María canta bien.
　　　マリアは歌が上手です。

▶曜日の表現 ◀P77

(1) ① Hoy es miércoles.　② Mañana es jueves.　③ Es viernes.
　　④ Es domingo.　⑤ Es domingo.

¡Vamos a Practicar！ 解答

▶ **第16課** ◀ **P81**

(1) ① 1 — c
　　② 2 — d
　　③ 3 — a
　　④ 4 — b
　　⑤ 5 — e

(2) ① Quién　② Cómo　③ Dónde　④ Cuál　⑤ Cuánto

▶ **99までの数** ◀ **P84・85**

(1) ① tres　② siete　③ cinco　④ seis　⑤ cuatro

(2) cinco

(3) ① treinta y un lápices
　　② sesenta dólares
　　③ ochenta y ocho libros
　　④ quince camisetas
　　⑤ veintitrés estudiantes

▶ **第17課** ◀ **P88・89**

(1) 活用表

	leer	correr
yo	(leo)	corro
tú	lees	(corres)
él/ella/usted	(lee)	corre
nosotros	leemos	corremos
vosotros	leéis	corréis
ellos/ellas/ustedes	leen	(corren)

(2) ① aprendes, Aprendo　② comes, Como　③ leéis, Leemos
　　④ metemos　⑤ bebe

¡Vamos a Practicar! 解答

▶日付の表現 ◀P91

(1) ① En diciembre. ② En julio. ③ En marzo. ④ En febrero.
　　⑤ En mayo.

(2) ① once de enero　② catorce de febrero
　　③ veintinueve de abril　④ seis de junio
　　⑤ veintitrés de noviembre　⑥ siete de diciembre

▶第18課 ◀P94・95

(1) ① viven　② reciben　③ escribe　④ recibe　⑤ parte　⑥ abren

(2) ① 1 — c
　　② 2 — a
　　③ 3 — e
　　④ 4 — b
　　⑤ 5 — f
　　⑥ 6 — d

(3) ① ella compra unas manzanas.
　　② Como en un restaurante chino.
　　③ Vivo en (Nakano).
　　④ no trabaja en una escuela.
　　⑤ hablamos alemán.

▶第19課 ◀P99・100

(1) ① Son las doce y cuarto.
　　② Son las doce menos uno.
　　③ Son las cuatro menos cuarto.
　　④ Son las tres en punto.
　　⑤ Son las diez menos cuarto.
　　⑥ Es la una y diez.

¡Vamos a Practicar ! 解答

(2) ① Sale a las once.
② Llega a las once cuarenta y tres.
③ Sale a las doce.
④ Llega a las catorce veinticinco.

▶ ¡まとめてExamen! ◀P106・107

(1) ① quiere　　　私の叔母はクエンカに別荘を買いたい。
② queremos　　私たちは息子たちを愛している。
③ Quieres　　　ドア（扉）を開けてくれる？
④ quieren　　　彼女たちはワインを一本ほしい。
⑤ Quiere　　　生ビールいっぱい召し上がりませんか？

(2) ① empieza　② entiende　③ siente　④ cierran

(3) ① No entiendo este libro.
② Él pierde el camino.
③ ¿A qué hora empieza el teatro?
④ ¿No siente usted calor?
⑤ ¿Reservamos mesa?

▶「を格」◀P109

(1) ① （Sí,）te llevo a la playa.
② （No,）no nos llevan a Londres（ロンドン）.
③ （Sí,）os llevamos al teatro.
④ （Sí,）te quiero.
⑤ （No,）no me llevan a Cuenca.

¡Vamos a Practicar！ 解答

▶第21課 ◀ P113

(1) ① tengo　　　　私は眠い。
　　② tienes　　　　君はバッグに何入れているの？
　　③ tiene　　　　君のおじいさんはおいくつ？
　　④ tenemos　　　私たちは空港に行かなくてはならないの？

(2) ① Mercedes tiene tres hijas.
　　② Tengo prisa.
　　③ Él no tiene dolor de estómago.

▶「を格」3人称 ◀ P118・119

(1) ① conozco
　　② sabe
　　③ Conocen
　　④ conocemos
　　⑤ Sabes
　　⑥ conocemos

(2) ① La　　② la　　③ lo / le　　④ Lo　　⑤ lo

●ちょっと単語テスト
　　① las manos　② el coche　③ los zapatos
　　④ el vino　⑤ el mapa

▶第23課 ◀ P123

(1) ① Es cierto que él quiere a Lucía.
　　② No sé si él viaja por España.
　　③ ¿Sabes si Rosario es de Cuba?
　　④ Si cenamos en ese restaurante, reservamos mesa.
　　⑤ Creo que Enrique es italiano.

¡Vamos a Practicar！ 解答

▶第25課 ◀ P128・129

(1) ① va　　　　私の母は市場に行きます。
　　② vienen　　彼らはどこから来たの？
　　　 Vienen　　ガディスから来たんだ。
　　③ vamos　　私たちは今晩飲みに行きます。
　　④ viene　　 ハイメのお父さんは空港から来る。
　　⑤ va　　　　私の姉（妹）は飛行機で行く。

(2) ① Viene de Perú.
　　② Viene a visitar La Alhambra.
　　③ Va en avión.
　　④ Va pasado mañana.
　　⑤ Va a llamar a la agencia de viajes.

▶「に格」◀ P132

(1) ① no le envía los libros.
　　② le compro un vestido.
　　③ les enseño la universidad.
　　④ os abrimos la puerta.

▶第26課 ◀ P137・138・139

(1) ① Me gustan　② Les gusta　③ Nos interesa　④ te duelen
　　⑤ Os faltan

(2) ① A Carlos le gusta la música.
　　② ¿Le gusta viajar a usted?
　　③ A mi abuelo no le interesan los toros.
　　④ ¿Te duelen las piernas（los pies）？
　　⑤ Me parece interesante el libro.

(3) ① la música española　　あなた方はスペイン音楽は好きではありませんか？
　　② jugar al baloncesto　　君はバスケットボールをするのが好きだね。
　　③ la cabeza　　　　　　　私は頭がとても痛い。
　　④ el teatro español　　　 マリアはスペイン演劇に興味があります。
　　⑤ el sacacorchos　　　　私達には、栓抜きが足りません。

¡Vamos a Practicar！ 解答

▶100からの数 ◀P141

(1)　① setecientos once
　　② mil cuatrocientos noventa y dos
　　③ mil quinientos sesenta y uno
　　④ mil quinientos ochenta y cuatro
　　⑤ mil seiscientos cinco
　　⑥ mil seiscientos cuarenta y ocho
　　⑦ mil setecientos
　　⑧ mil ochocientos ochenta y dos
　　⑨ mil novecientos setenta y cinco
　　⑩ mil novecientos noventa y dos

▶「を格」「に格」◀P147

(1)　① lo　② Se, lo　③ nos, las　④ Se, la　⑤ os, la

▶¡まとめてExamen! ◀P148・149

(1)　① dejas　　君、私に君の本を貸してくれる？
　　② da　　　エンリケは今度の金曜日にヴァイオリンのコンサートを開きます。
　　③ doy　　　ケーキを買うために君に1000ペセタあげるよ。
　　④ deja　　君のお父さんは君をスペインで勉強させてくれるの？
　　⑤ dejamos　私達はスペイン語を学ぶのをやめられません。

(2)　① Sí, quiero comprárselo.
　　② Sí, te la escribo.
　　③ Sí, nos la prepara.
　　④ No, no se lo dejo.
　　⑤ No, no se la doy.

¡Vamos a Practicar! 解答

▶第28課◀ P153

(1) ① puedes　　　窓を閉めてもらえる？
　　② podemos　　私たちはここに駐車できないわ。
　　③ duerme　　　アナは日曜日、お昼まで寝ている。
　　④ vuelvo　　　私は8時に家に帰ります。
　　⑤ encuentran　彼らはその航空券をみつけたの？

▶第30課◀ P158・159

(1) ① ves　② mira　③ ve　④ Miro　⑤ veo

(2) ① veo　② juega　③ vemos　④ juegan　⑤ miramos

▶第31課◀ P163

(1) ① hago　　　私は妹（姉）に勉強させる。
　　② hace　　　今日はとても暑い。
　　③ hacemos　私たちはフアンの誕生日のためにケーキを作ります。
　　④ hace　　　私は、一年前からエンリケに会っていない。
　　⑤ haces　　君はいつ荷造りをするの？

▶第33課◀ P168・169

(1) ① ponen　　子供達は午後、テレビをつけます。
　　② sales　　　君は何時に家を出るの？
　　③ sale　　　そのニュースは新聞に出ます。
　　④ pongo　　何本のフォークを食卓に並べ（置き）ましょうか？
　　⑤ ponen　　今日の午後、アンテナ3でサッカーを放映します。

(2) ① Ellos ponen la radio para escuchar la noticia.
　　② Lucía pone la llave en la mesa.
　　③ Mañana, salgo de casa a las ocho.
　　④ Nosotros no salimos de casa esta tarde.
　　⑤ ¿Ponéis este cuadro en el salón?

¡Vamos a Practicar！ 解答

▶第34課 ◀ P172・173

(1) 活用表

	servir	repetir
yo	sirvo	repito
tú	sirves	repites
él/ella/usted	sirve	repite
nosotros	servimos	repetimos
vosotros	servís	repetís
ellos/ellas/ustedes	sirven	repiten

(2) ① Sirve este libro.
　　② Repito el número de teléfono.
　　③ ¿Servimos vino en la fiesta hoy?

(3) ① sirve　　このコンピューターはもう役に立たない。
　　② eligen　　彼らはアスナール氏を首相として選ぶ。
　　③ pedís　　君たちは何を注文しますか？
　　④ repite　　私の祖父は同じことを繰り返す。
　　⑤ sirvo　　君に冷たい飲み物をあげようか？

▶第35課 ◀ P176・177

(1) ① Oiga　　もしもし、こんにちわ。私はアナです。マリアはいますか？
　　② dice　　天気予報士は明日は悪天候になると言っています。
　　③ Oiga　　あのちょっと、お勘定を持ってきてくれませんか？
　　④ decís, dicen　　君たちはいやだと言い、彼らはいいと言う。
　　⑤ Oye, oyes　　ねえ、のりお。庭から妙な音が聞こえない？

(2) ① ¿Me oyen ustedes bien?
　　② Dicen que los japoneses trabajan demasiado.
　　③ Oiga, por favor, ¿dónde está la estación de Atocha?
　　④ ¿Qué dice el periódico sobre la exposición?
　　⑤ Mamá, Carlos dice que tiene hambre.

¡Vamos a Practicar！ 解答

▶第36課 ◀P180

(1) ① Esta tarde, llevo a mi hijo al dentista.
② Lleva cinco años en Toledo.
③ Le traemos las flores.
④ La chica lleva los zapatos rojos.
⑤ ¿A qué hora trae el paquete Rosario?

▶第38課 ◀P186・187

(1) ① Se habla catalán en Barcelona.
② ¿Dónde se vende ese vino?
③ Se produce buen jerez en Jerez de la Frontera.
④ ¿Dónde se habla gallego?
⑤ Se buscan dos intérpretes.

(2) ① Se come bien en el restaurante de comida vasca.
② ¿Cómo se dice "eiga" en español? Se dice "pelicula".
③ Dicen que hace mucho calor este verano.
④ ¿Se vive bien en Santander?
⑤ Ponen una obra interesante en el Teatro Nacional.

▶¡まとめて Examen! ◀P192

(1) ① más, que ② más, que ③ menos, que ④ más, que
⑤ más, que

(2) ① Ana es mayor que yo.
② Este pastel es más rico que ése.
③ Mi hermano conduce peor que yo.
④ Mi profesor de español es menor que yo.
⑤ Su coche es más grande que mi coche.

¡Vamos a Practicar! 解答

▶第40課 ◀P197

(1)　① comí　　　　　昨日私はイタリアンレストランで食事をした。
　　② vivió　　　　　パブロは三年間大阪に住んでいた。
　　③ compramos　　私たちは先月、マドリードに家を買った。
　　④ volvió　　　　私の弟は一週間前プエルト・リコから帰ってきました。
　　⑤ bebí　　　　　昨夜私は飲みすぎた。

▶第42課 ◀P202・203

(1)　① Ayer estuvisteis en casa de mis abuelos.
　　② Mi jefe no dijo mentiras.
　　③ Hace una semana que mis padres fueron a Venezuela.
　　④ Ayer nosotros dimos un paseo en bicicleta.
　　⑤ Su padre fue médico.

(2)　① leí　　　　　　昨晩私はこの小説を読んだ。
　　② pidieron　　　私の友人たちは一ヶ月前旅行社で闘牛のチケットを頼みました。
　　③ durmieron　　昨日の夜、子供たちはぐっすり（よく）眠った。
　　④ sentimos　　　私たちは、彼の死を大変悼んだ。
　　⑤ oíste　　　　　君、庭で変な音を聞かなかった？

▶第43課 ◀P207

(1)　① 2カ月前彼は黄色の車を運転した。
　　② 私たちは、昨夜庭でパーティーをした。
　　③ 彼らはポルトガルから来て日本へそこの代表的なお菓子を持ってきた。
　　④ 君は先週土曜日に何をした？　遠足に行った。
　　⑤ 君は両親と一緒にバルセロナへ行きたかった？

263

¡Vamos a Practicar！ 解答

▶第44課◀P211

(1) ① vivía　　　子供の頃、母はロンドンに住んでいた。
　　② viajaban　　私の両親は、以前たくさん旅をした。
　　③ entendían　その頃、両親は私をよく理解してくれた。
　　④ era　　　　あの頃、東京の生活は静かだった。
　　⑤ estudiaba　以前、私はたくさん勉強した。

▶¡まとめて Examen!◀P212・213

(1) ① De joven mi abuelo vivía en París.
　　② Quería ver ese bolso.
　　③ Antes había un árbol grande aquí.
　　④ Antes Fernando veía mucho a ella.
　　⑤ Mi familia vivía en Hokkaido.

(2) ① Vinieron ayer.
　　② Hace dos semanas.
　　③ Fueron a las Islas Canarias.
　　④ Trajeron las fotos del viaje.
　　⑤ La pasaron muy bien.

▶第48課◀P222・223

(1) ① 私は朝10時に起きます。
　　② Ella se ducha y se lava el pelo.
　　③ 私は歯を磨きます。

(2) ① El niño se lava la cara.
　　② La chica（niña）se lava los dientes.
　　③ Yo me pongo el suéter.
　　④ María se mete en el teatro.
　　⑤ La chica se quita los zapatos.

¡Vamos a Practicar！ 解答

▶第49課◀ P227

(1) ① 私の祖母が育てている（世話をしている）バラはとてもきれいだ。
② 私の友が貸してくれた本は面白い。
③ 昨日私たちがいた劇場は16世紀のものです。
④ La casa donde vivo（yo）es antigua.
⑤ El bolso que lleva ella es bonito.

▶第50課◀ P231・232

(1) ① algo　　　　あなたはミルクを少し飲みますか？
② nada　　　　私は何も食べたくない。
③ alguien　　　下に誰かいるの？
④ nada　　　　何もない。
⑤ alguna/ninguna
　　　　　　　　君、何か質問がありますか？　いいえ、何もありません。

(2) ① Algún día quiero ir a España.
② ¿Hay alguien en el jardín?
③ No conocemos a nadie en Barcelona.
④ No hay nada para comer esta noche.
⑤ ¿Sabes algo de japonés? No, no sé nada.

¡まとめてExamen Final！ リスニング編　解答

リスニング編の解答にはCDに収録されている文章と質問、その訳文を一緒に乗せてあります。参考にして繰り返しやってみましょう。各単語の詳しい用法や意味については辞書を活用してください。

【質問】　P234

(1) ① ¿Cómo te llamas?　　　　　お名前は？
　　② ¿Dónde vives?　　　　　　どこに住んでいるの？
　　③ ¿De dónde eres?　　　　　どこの出身？
　　④ ¿Qué eres?　　　　　　　　職業は？
　　⑤ ¿Cuántos años tienes?　　　何才？
　　⑥ ¿Antes dónde vivías?　　　 前はどこに住んでいたの？
　　⑦ ¿Te gusta viajar?　　　　　　旅行は好きですか？
　　⑧ ¿A qué hora te levantas?　　何時に起きるの？
　　⑨ ¿Quieres comprar algo?　　 何か、買いたいものはありますか？
　　⑩ ¿Qué quieres hacer este fin de semana?　今週末、何をしたい？

【解答】例：

(1)　① Me llamo (Yukako).
　　② Vivo en (Kagurazaka).
　　③ Soy de (Kamakura).
　　④ Soy (oficinista).
　　⑤ Tengo veintisiete años.
　　⑥ Vivía en (Nakano).
　　⑦ Sí, me gusta mucho (viajar).
　　⑧ Me levanto (a las ocho).
　　⑨ Sí, quiero comprar un juguete（おもちゃ）para mi perro.
　　⑩ Quiero dormir hasta el mediodía.

▶ホテル編◀P235

(1)　Carlos tiene 30 años y vive en Madrid. Trabaja en el Hotel Hispanista.
　　El Hotel Hispanista está cerca del Museo del Prado.
　　Carlos tarda 5 minutos de su casa al hotel.
　　Trabaja en la recepción. Es recepcionista. Van muchos turistas al hotel.

カルロスは30才でマドリードに住んでいます。彼は、ホテル・イスパニスタで働いています。ホテル・イスパニスタはプラド美術館の近くにあります。カルロスは家からホテルまで5分かかります。彼はフロントで働いています。フロント係です。このホテルには多くの旅行者が行きます。

【質問】

(1) ① ¿Cuántos años tiene Carlos? 　カルロスは何才ですか？
　　② ¿Dónde trabaja él? 　彼はどこで働いていますか？
　　③ ¿El hotel está cerca del Museo del Prado?
　　　そのホテルはプラド美術館の近くですか？
　　④ ¿Cuántos minutos tarda Carlos de su casa al hotel?
　　　カルロスは家からホテルまでどのくらいかかりますか？
　　⑤ ¿Qué es él? 　彼（の仕事）は何ですか？

【解答】

(1) ① Tiene treinta años.
　　② Trabaja en el hotel Hispanista.
　　③ Sí, está cerca.
　　④ Tarda cinco minutos.
　　⑤ Es recepcionista.

(2) 　El sábado por la tarde recibe una llamada telefónica ;
　　—Hotel Hispanista, Buenas tardes.
　　—Buenas tardes. Quiero reservar una habitación. ¿Cuánto cuesta una habitación individual con baño?
　　—Siete mil pesetas.
　　—Muy bien. 　　……

土曜の午後、彼は電話を受けます。
「こんにちわ、ホテル・イスパニスタでございます。」
「こんにちわ、部屋を予約したいんですが。お風呂付きのシングルルームはいくらですか？」
「7千ペセタでございます。」
「わかりました（結構です）。」

【質問】

(2) ① ¿Cuándo recibe la llamada telefónica?
　　　彼（カルロス）はいつ電話を受けましたか？
　② ¿(El hombre) quiere una habitación doble?
　　　その男性はダブルルームを希望しましたか？
　③ ¿Cuánto cuesta la habitación individual?
　　　シングルルームはいくらですか？

【解答】

(2) ① El sábado por la tarde.
　② No, quiere una habitación individual.
　③ Cuesta siete mil pesetas.

C－ Oiga, señor, ¿Cuándo quiere reservarla?
T－ Desde el 5 hasta el 12 de mayo.
C－ Muy bien, 7 noches, ¿verdad? No hay problema. Su nombre y su número de teléfono, por favor.
T－ Mi nombre es Takuya y mi apellido es Nakai, soy japonés. El teléfono es 03 (465) 0806.
C－ Muy bien, ya la tiene.
T－ Gracias, adiós.
C－ Gracias a usted. Buenas tardes.

カルロス　「もしもし、いつのご予約をご希望ですか？」
拓也　　　「5月5日から12日までなんですが。」
カルロス　「わかりました。7泊ですね？問題ありません。お名前とお電話番号をお願いします。」
拓也　　　「名前は拓也です。名字は中井で、日本人です。電話番号は03-465-0806です。」
カルロス　「わかりました。ご予約できました。」.
拓也　　　「ありがとう。さようなら」
カルロス　「ありがとうございました。失礼いたします。」

【解答】

Nombre：Takuya
Apellido：Nakai

Fecha：el 5 hasta el 12 de mayo
tel：03-465-0806

▶レストラン編◀ **P236**

(1) Son las dos de la tarde, Takuya está con Ana en el restaurante Botín. Ella es su amiga y la conoció en Tokio, ahora vive en Madrid.
Este restaurante es muy famoso. Al escritor norteamericano, Ernest Hemingway le gustaba mucho comer aquí y su plato favorito era el "cochinillo asado".
Takuya también quiere comer "cochinillo Asado". Ayer hizo la reserva.

　午後2時、拓也はアナとレストラン・ボティンにいます。彼女は拓也の友人で、拓也は東京でアナと知り合いました。アナは今マドリードに住んでいます。
　このレストランはとても有名です。アメリカ人の作家、アーネスト・ヘミングウェイがここで食事をするのが好きで、彼のお気に入りの料理は［子豚の丸焼き］でした。
　拓也も［子豚の丸焼き］を食べたいのです。彼は昨日予約しました。

【質問】
(1)　① ¿Quién es Ana?　　　　　　　　アナは誰ですか？
　　② ¿Dónde conoció a Ana?　（拓也は）どこでアナと知り合いましたか？
　　③ ¿Cómo se llama el restaurante?　そのレストランの名前は何ですか？
　　④ ¿Qué quiere comer Takuya?　　拓也は何を食べたいですか？
　　⑤ Cuándo hizo la reserva?　　　　彼はいつ予約しましたか？

【解答】
(1)　① Es la amiga de Takuya.
　　② En Tokio.
　　③ Se llama "Botín".
　　④ Quiere comer el "cochinillo asado".
　　⑤ La hizo ayer.

269

(2) Takuya le pregunta a Ana.
　　T — ¿A qué hora coméis los españoles?
　　A — Comemos a las dos.
　　El camarero les trae la carta.
　　Camarero — Buenas tardes. ¿Qué quieren tomar ustedes, una cerveza?
　　T — Queremos tomar una caña y una botella de agua mineral sin gas, por favor.
　　Takuya y Ana piden dos menús del día. Los españoles comen dos platos, postre y café. Toman cerveza o vino. El "menú del día" no es muy caro.

　　拓也はアナにたずねます。
　　拓也　　　「君たち、スペイン人は何時に昼食を食べるの？」
　　アナ　　　「2時ね。」
　　ウェイターが来ます。
　　ウェイター「こんにちわ。飲み物は何を召し上がりますか？ ビールになさいますか？」
　　拓也　　　「生ビールと炭酸抜きのミネラルウォーターを一本、お願いします。」
　　拓也とアナはランチ（定食）を2つ注文します。スペイン人は2皿の料理とデザート、コーヒーを取ります（食べます）。彼らはビールかワインを飲みます。ランチはそんなに高くありません。

【質問】

(2)　① ¿A qué hora comen los españoles?
　　　　スペイン人は何時に昼食を取りますか？
　　　② ¿Qué toman ellos?　　彼ら（拓也とアナ）は何を飲みますか？
　　　③ ¿Qué piden ellos?　　彼らは何を注文しますか？
　　　④ ¿Cuánto cuesta el menú del día?　　ランチはいくらですか？
　　　⑤ ¿Cuánto cuesta el "cochinillo asado"?
　　　　［子豚の丸焼き］はいくらですか？

【解答】

(2)　① Ellos comen a las dos.
　　　② Toman una caña y una botella de agua mineral sin gas.

③ Piden dos menús del día.
④ Cuesta tres mil.
⑤ Cuesta dos mil quinientas.

(1) 33、45、100、91、70、16、62、15、60、112、250、57、86、21、16、39、13、66、27、14
65　sesenta y cinco

(1) ¡Hola! Me llamo Carlos. ¿Cómo estás?
Soy funcionario. Vivo en Valencia. Me gusta mucho viajar. El mes pasado fui a Méjico. Estuve tres días en Acapulco. Vi unos monumentos aztecas en Yucatán.
Tomé comidas típicas y bebí tequila en el hotel. Me gustó mucho Méjico.

　　こんにちわ。ぼくは、カルロスです。元気ですか？
　　ぼくは公務員です。旅行が好きです。先月メキシコに行ってきました。3日間アカプルコに滞在したんだ。ユカタンでアステカの遺跡を見た。ホテルで代表的な料理を食べ、テキーラを飲んだ。メキシコがとても気に入ったよ。

【質問】
(1)　① ¿Cómo se llama él?　　　彼お名前は？
　　② ¿A dónde fue?　　　　　彼はどこに行きましたか？
　　③ ¿Qué vio en Yucatán?　　彼は何を見ましたか？
　　④ ¿Qué tomó en el hotel?　ホテルで何を食べましたか？
　　⑤ ¿Qué bebió?　　　　　　何を飲みましたか？

【解答】
(1)　① Se llama Carlos.
　　② Fue a Méjico.
　　③ Vio unos monumentos aztecas en Yucatán.
　　④ Tomó comidas tipicas de ahí.
　　⑤ Bebió tequila.

著者紹介

桜庭雅子（さくらばまさこ）
上智大学外国語学部イスパニア語学科卒。
スペイン国立マドリード大学哲文学部、サンタンデール・メネンデス・イ・ペラヨ国際大学留学。1982年スペイン語教室　アカデミア・イスパニスタ設立。同主宰。基礎より上級レベルまでのスペイン語教育にあたる。NHK学園通信教育講座講師。大妻女子大学非常勤講師。
イスパニスタ：http://homepage2.nifty.com/hispanista/index.html

貫井一美（ぬくいかずみ）
学習院大学、同大学院修士課程修了。
1988〜1990年スペイン国立マドリード大学哲文学部留学。専門はスペイン美術史（ベラスケス他、17世紀スペイン絵画）。スペイン語を習得することでスペイン語圏の歴史や文化に対する興味が広がればと考えている。現在、大妻女子大学比較文化学部准教授。

CD BOOK しっかり学ぶスペイン語

2000年 6 月25日	初版発行
2020年11月28日	第27刷発行

著者	桜庭　雅子・貫井　一美
カバーデザイン	竹内　雄二
DTP	WAVE 清水康広・中丸佳子
本文イラスト	井ヶ田　惠美・三木　薫

©Masako Sakuraba & Kazumi Nukui 2000. Printed in Japan

発行者	内田　真介
発行・発売	ベレ出版 〒162-0832東京都新宿区岩戸町12レベッカビル TEL.03-5225-4790 FAX.03-5225-4795 振替00180-7-104058
印刷	三松堂印刷株式会社
製本	根本製本株式会社

落丁本・乱丁本は小社編集部あてにお送りください。送料小社負担にてお取り替えします。

ISBN978-4-939076-42-8 C2087　　　　　　編集担当　新谷友佳子